复合型领导力

［美］埃里克·道格拉斯（Eric Douglas）—— 著

冯海生 —— 译

THE
LEADERSHIP
EQUATION

10 Practices That Build Trust, Spark Innovation,
and Create High Performing Organizations

中国友谊出版公司

图书在版编目（CIP）数据

复合型领导力 / （美）埃里克·道格拉斯著；冯海生译 . — 北京：中国友谊出版公司，2019.3

书名原文：The Leadership Equation

ISBN 978-7-5057-4446-2

Ⅰ . ①复… Ⅱ . ①埃… ②冯… Ⅲ . ①领导学 Ⅳ . ① C933

中国版本图书馆 CIP 数据核字 (2018) 第 174665 号

著作权合同登记号　图字：01−2018−6371

The Leadership Equation

Copyright © 2014 leading resources, Inc.

All rights reserved

Published by Greenleaf Book Group Press

Simplified Chinese rights arranged through CA-LINK International LLC（www.ca-link.com）

书名	复合型领导力
作者	[美] 埃里克·道格拉斯
译者	冯海生
出版	中国友谊出版公司
发行	中国友谊出版公司
经销	新华书店
印刷	天津中印联印务有限公司
规格	710×1000 毫米　16 开
	18 印张　189 千字
版次	2019 年 3 月第 1 版
印次	2019 年 3 月第 1 次印刷
书号	ISBN 978-7-5057-4446-2
定价	59.00 元
地址	北京市朝阳区西坝河南里 17 号楼
邮编	100028
电话	（010）64678009

序

       我的公司是一家专门从事与变化有关业务的企业。在当今这个快速变化的世界中，这绝对是一桩值得投身其中的好生意。我们的咨询团队能提供给领导者和管理人员一系列技能和指导思想，以促进企业改变和成功建立组织。比如，在过去几年中，我们帮助了洛杉矶的一家非营利组织建立了一套可持续发展系统，让洛杉矶市区超过 30 万的青少年受到教育；我们帮助了一个掌管 90 亿美元的国家部门，将行事缓慢的官僚机构转变为目标明确的高效组织，成了其他部门竞相效仿的对象；我们帮助一家位于加利福尼亚的医疗组织找到改善 5 万多名病人的看护状况的方法，这一方法挽救了诸多生命，同时还节省了数百万美元。

       在工作的过程中，我们发现领导者们经常因缺乏良好的管理建议而苦恼不已：

       一家波士顿医院的CEO："我是以一名医生的身份进入这个行业的。现在我要管理一个 5000 人的团队。事情变得太快了。我不知道自己思考的角度有没有问题，做的事情又是否正确。"

       一家技术型创业公司的COO："如何才能建立成功的企业文化？身为一名领导，应该主要关注什么？是注重前线员工的培训还是客户服务？又或者是企业的发展规划？诸多任务中，怎样做才能彼此平衡，达到效益最大化？"

一位非营利组织的负责人："我现在每天做的就是回答各种问题，担当各种事件的救火队员。商学院教过我这种环境中的领导法则吗？虽然我们参加过为期三天的领导力研讨会，但都没什么用，我想要的答案始终没有得到。"

像上面的这些人一样，有着相同烦恼的领导者有成千上万。他们都需要切实可行的方法来指引自身行动。在过去的 15 年中，我们的公司一直密切关注那些能建立伟大组织的方法。而这本书就是我们的成果。正如你将要了解到的那样，这本书的方法利用的是我们人类的本能。这对于我们来说是既熟悉又充满惊喜的。这些方法能够帮助你关注那些能提升团队、部门，乃至整个组织的训练方法。它能够帮助你指导周围的人，激发你作为一个领导者所需要的全部潜能。

我相信本书能够向你证明它的价值。作为交换，我有一个请求，请把那些帮助你成为一名成功领导者的内容分享给其他人。你学到了哪些特别的技巧，面临哪些挑战？请登录我们的网站：www.leadingresources.com，点击 Leadership Equation 这个图标，你就可以把你的想法直接分享给我。

最后，请允许我引用马克·吐温的一句话表达我的观点："远离那些贬低你的雄心壮志的人，小人们总是那样做。真正伟大的人会使你感到你也可以变得伟大。"

目　录 CONTENTS

引言 / 001

第一章

建立信任：重新定义核心价值观 / 017

"如果公司文化正确的话，那么许多其他事情，比如大客户服务或者建立品牌等，都会变得水到渠成。"

第二章

明确重点：制定清晰的工作目标 / 043

"拥有重点意识的公司总能为客户和股东带来更高的价值，为员工带来更具信任和创造力的工作环境。"

第三章

正确领导：为合适的员工赋能 / 061

"最好的领导者有足够的理智挑选优秀的人去执行自己想做的事，有足够的自制力不在执行者做事的时候干涉他们。"

第四章

管理决策：提升决策效率和有效性 / 089

"为了建立信任，领导者必须建立一套系统，确保整个组织都能够做出正确决策。"

第五章

自我成长：成为精神层面的领导者 / 125

"最危险的领导神话就是领导者都是天生的。事实上，情况恰恰相反，领导者都是练就的，而非天生的。"

第六章

加速变革：确保每一位成员参与变革 / 147

"为了激发企业适应创新的变革，使其不被淘汰，你需要加快变革步伐，让员工有能力进行思考。"

第七章

激发创新：深入挖掘员工的才能 / 177

"成功的领导者知道幸福与工作之间的联系，并创造出鼓励人们创新和开辟创造之流的工作场所。"

第八章

系统思维：应对组织中不确定性问题 / 201

"一旦人们开始将系统思维用于动态问题，你更有可能找到杠杆化解决方案，实现绩效上的巨大突破。"

第九章

共享意识：沟通提升团队凝聚力 / 225

"绝大多数管理者和领导者应该花原来两倍至三倍的时间进行沟通。"

第十章

转换角色：承担领导责任，提出关键问题 / 249

"领导者必须学会如何用新方法进行交流，不是简单地指导他人，
而是提出关键问题……帮助人们承担建立领导力文化的全部责任。"

结语 / 273

致谢 / 275

注释 / 277

引　言

在写这本书的时候，我做了一个梦。在梦中，我正在对着一大群领导者讲述建立高效组织的练习。有一群人围着我，向我提问。其中一个人问道："关于领导力，难道没有一个简单的公式吗？"

在现实中，当时的我还没有提出领导力公式一类的理论。但在梦中，我走向一块白色写字板，写下了这个方程式：

T（TRUST，信任）+S（SPARK，创造力）=LC（LEADERSHIP CULTURE，领导力文化）

然后，我就醒了。我起身走到厨房将这个公式写了下来。自从做了这个梦，接下来的好几天里，我一直在考虑这个问题。我意识到所有促使伟大公司诞生的方法，虽然在形式上各种各样，但是都可以归纳到 T + S = LC 这个公式之中。这个方程式以一种简洁但深刻的方式，揭示了一个体系，这个体系能帮助人们理解成功领导者构建领导力文化的基础性内容。这一体系适用于每个人，就好像人们天生就拥有它一样。

人们致力于建立信任和推动创造力。

我最好的朋友约翰是一名建筑师。我们俩思考问题的角度总是很相似。当他设计一座建筑时，他会将建筑物和周围的事物放在一起考虑，比如一天中不同时段的光线问题。建筑的强度、耐用性和可持续性是他关注的要点。他还会考虑到建筑物内的人员居住、流动情况，不同房间、不同楼层间的交流状况。当然，不同设计产生的花费和带来的益处，也在他的考虑范围之内。

在我们公司，我们把自己看成是企业组织的建筑师。这些组织包括公司、非营利组织、公共机构、协会和其他各种形式的团体。它们都想获得同样的东西，即关于组织各方面的建议。这些方面包括：公司实力、可持续性发展、公司结构的一致性、人员交流与流动、公司面临挑战时的灵敏性，还有关于组织的收入、支出和利润等方面。

我们了解到有 10 大法则，是领导者们打造卓越组织所必需的。10 大法则中，5 种与方程式中的信任有关，另外 5 种与创新有关。领导力方程式提供了一种心智模式，一种体系。掌握这些方法可以让这些模式走入现实生活中，被领导者所应用。

为什么需要信任和创造力？

提到伟大的公司，许多人首先想到并不是信任或者创造力，他们想到的是产品（比如通用）或者服务（比如富达）；是品牌（比如苹果）；是有名的 CEO 和强力增长的业绩。但是许多人并没有机会透过这些组织的表面，看到真正让它们顺利发展的东西是什么，或者说，它们共有的必要特质是什么。

我们的公司很荣幸有这个机会，可以与许多伟大的（也有一些不是那么伟大的）公司合作。作为为全球的 CEO 和企业组织提供咨询的机构，我们能够近距离地观察到那些负责公司创建和运营的人在干什么。我们有机会去尝试不同的策略，去验证究竟哪一种真正有效。

那我们观察到了什么呢？首先，市场表现最好的公司是会投资公司的文化建设。这些公司的员工不会畏惧每天的工作中那些棘手的事情，他们真真正正地信任公司，信任公司的产品和服务，迫切地想要为这一切增添价值。在这些公司的文化中，员工们倡导管家精神，把公司的事当成自己的事。员工们可以发表不同意见，将这些意见拿出来讨论，然后一起解决问题。

第二，沟通是伟大公司创建过程中的黏合剂。沟通不是钱，但是它是一种真正的通货，因为沟通能够建立信任。正如 IBM 的前 CEO 路易斯·郭士纳（Louis Gerstner）曾说的那样："应该与人沟通。应该对团队中的每个人诚实。你不需要对他们半遮半掩，你不需要对他们有意隐瞒，你需要对他们平等相待。你需要沟通、沟通再沟通。"如果人们想要共事，高效合作，就必须信任彼此。他们需要经常共同探讨难题[1]，找出问题所在，琢磨每个选项，找到最佳办法，然后同心协力解决问题。如果没有信任，人们会变得自私自利，挑拨离间，最终给公司带来巨大的混乱。

第三，伟大的公司是由创新驱动的。创新之所以能发生是因为人们能够自由地对新产品、新服务和新方法展开想象；是因为人们相信他们的想法能被积极地对待。人们能够预见这样的未来：他们的创造性想法和行为对公司和他们自身能够产生一些更好的东西。

在传播上，创造力与信任不同。信任建立在交流基础之上，而创造力的产生则依赖于赋能。人们需要有一种被授权感，即他们感到有某种权力去进行试验，尝试某事。将现有的工作成果收集起来，小型的团队就可以在（官方）监督下，一起毫无负担地工作。紧密型团队并不一定最具创造性。结构松散的团队如果拥有清晰的目标，没有独裁专断的存在，就能让成员在分享结果之前，自己进行独立思考。

想象一下有这么一间机房：地面上有两根操纵杆，推动其中一根，就能产生很高的信任度。人们责任共担，乐于合作，能迅速地达成共识。推动另外一根操纵杆，就会推动创造力。人们能迅速地辨别质量的差距，予以弥补；会迫切地吸收新思想，用于创造价值。同时推动这两根操纵杆，你就能够创建一种领导力文化。重要的是，你需要理解这两种力量：信任和创造力，以及它们引发的变革。这也是我们接下来将要讨论的。

信任的起源

为了理解信任的构成，我们需要回归本源。事实证明，我们人类内心深处一直在寻找能够感到信任的时刻，当我们经历信任时，我们的大脑就会释放出高水平的催产素[2]。催产素是一种神经递质，能够让人自我感觉良好，对周围的人印象也更好。结果就是我们能够共同努力，解决分歧，而不是心存芥蒂。我们能够以一种非凡的方式进行合作。

我们的每一种感情都源于信任，或者信任的缺乏。从积极的方面来说，信任感能够引发慷慨、愉悦、勇气、赋权、自信、温和、亲密和爱恋。从消极的方面来说，信任感的缺乏会引发愤怒、背叛、妒忌、怨恨、报复，甚至更糟的结果。为什么我们能感受到爱恋？因为我们相信这个人会照顾我们，而且他赢得了我们的信任。为什么我们会感受到背叛？因为我们觉得这个人没有信守诺言。为什么我们感受到了妒忌？因为我们认为这个人拿了我们本应得的东西。

　　信任是基于可预见的回报。如果我为你做了某件事，我希望将来你也能为我做同样的事。用一个词来形容，就是"互惠"。在《心智探奇》（*How the Mind Works*）[3] 中，史蒂芬·平克（Steven Pinker）向我们详细地展示了大脑是如何对信任构建行为做出反应的。他指出，互惠是人类发展过程中的一项具有革命性意义的战略，与我们的基因密切相关。如果你帮了我的忙，我就会予以回报，在我认为第二次往来的可能性会很大时，尤其如此。信任建立于时间和信息充足的基础上。平克向我们证明了，我们的大脑能够检测互惠与信任存在与否，看我们是否受到了公平的待遇。这个"公平测量器"（cheat meter）无时无刻不在大脑中发生作用。如果我认为你对我很公平，公平测量器就是绿色的；如果我认为你待我不公平，公平测量器就会变为红色。

　　你或许没有意识到，但我们的公平测量器的确是始终在发挥作用。当我们感到信任时，公平测量器的存在感不会那么强烈。这时我们感到一切都是好的（那就是催产素在发起作用）。可一旦我们心中有所怀疑时,公平测量器的作用就会凸显。在一个与你有关的决定中,你的老板是否把你遗漏了?在跟雇员的一次会议中,你的伙伴有没有忘了通知你?想一想我说的这些情况,当你不信任某个人时,你心里会很清楚地意识到这一点。公平测量器是一件校准良好的仪器,你甚至察觉不到它的存在。甚至在你读这本书的时候,它也在发挥着作用。你感觉自己正在获取有益的信息吗?这些是你希望要学习的吗?当你开始思考这些问题,就表明你的公平测量器已经在工作了。

让我们为我们所探讨的信任再加一层细微的差别:我们每个人对公平测量器的设置都略有不同。在一段人际关系开始时,这一点尤为明显。有些人会天然地相信他人,除非手上有证据能够证明某人某事不值得相信。有人会天然地怀疑他人,除非看到了能获取他们信任的证据。还有一小部分人是处于边缘地带:他们要么过度相信别人,要么几乎从不相信别人。根据以下表格,想一想自己的公平测量器是如何设定的。

总是相信	偶尔怀疑	偶尔相信	总是怀疑
我几乎总是相信别人。	除非我看到了我不应相信他人的证据,否则我一般会相信别人。	除非看到我应该相信别人的证据,否则我一般不会相信别人。	我几乎从不相信别人。

如果你选择的是"偶尔怀疑"，那么有45%的人和你做出了相同的选择。另外45%的人则是选择了"偶尔相信"。两类极端的人群则共占10%，两者的比例大致相同。人们有不同的信任倾向，当你考虑建立信任的策略时，记住这一点很重要。

信任的另外一个维度则与期盼有关。一些人把期望值设得很高，所以很容易失望。另外一些人把期望值设得比较低，即便期望没有达到，他们也不会感到特别烦恼。

建立信任

那么你该如何建立信任呢？这就是本书的主题之一。从最基本的层面来说，信任就是互惠。互惠意味着公平地对待彼此。在工作中，信任意味着员工们得到了与付出相等的报酬。工作得到认可，人们就会有被信任的感觉。互惠取决于可预见性。如果你曾说过只要条件成熟某事就会发生的话，那你最好遵守承诺，否则就会因不信任而引发一系列连锁反应。

不过，信任又并非仅仅就是互惠，它还与速度有关。在当今这个信息呈光速流动的世界中，信任的速度就是同事愿意与你进行重要信息交流的速度。比如，我有竞争者关于市场推广新活动的内部消息，信任的速度就是我把这个信息发给你的速度。

很明显，信任与交流也密切相关。信任意味着包括高层在内的每个成员了都解组织的目标。信任意味着组织内角色和目标是清晰的，处理冲突的规则是很容易理解的。信任意味着人们对自己的工作负责，知道该干什么，不该干什么。高程度的信任让人们乐于倾听彼此的观点，共同探讨各种难题，注重分享信息和团队合作。

另一个与信任有关的重要元素就是透明度，即让人们知道事情的发展进度，即便有时情况并不乐观。戈尔特斯面料的发明者W. L. 戈尔（W. L. Gore）会为每个员工提供公司业务进度的日常更新。高管们也要按照同样的方式对公司收入和利润进行汇报。在中型企业中，该公司常年位居最受赞赏公司排行榜第一位，同时它也是最赚钱的公司之一。

透明度能在消费者和股东的心中建立信任感。价格透明化就是一个例子。在 20 世纪，所有买车的人对购车过程的信息黑洞都习以为常。而在 21 世纪，汽车销售商们通过公开汽车定价和利润，在顾客群中建立了信任感，最终带来了无尽的好处。易趣网通过公开竞拍商品所处的位置以及提示最终成交价，建立了信誉。谷歌通过详细的补偿信息，建立了信誉。透明度建立信誉度。

建立信任的四项能力要求

当雇员们感受到高程度的信任时，会在心中产生一种平静的幸福感。他们为自己的工作感到骄傲，会在工作中与人坦诚相待。在某种程度上，他们能将自己作为管理者，像经营自己的事业一般工作。缺乏信任会导致相反的感觉产生，会让人们更内向，不愿意敞开自己，与人交流时容易产生不满情绪，懒于付出。

领导者和管理者们可以通过自身能力的展示激发信任。建立信任有以下四种能力要求：

前景上的信任：雇员们相信公司的领导者能够理解市场潮流，在市场中对公司进行合适的定位，尽管这可能为近期业务带来额外的压力。这种信任盛行于乔布斯任 CEO 时期的苹果公司。

管理上的信任：雇员们相信领导者们能够有效地对公司进行管理，保持一切有序进行。他们将见证公司目标达成的过程。在这个过程中，不同的人员之间、不同的团队之间紧密合作，都了解自己被寄予的期望。这种形式的信任盛行于西南航空。

沟通上的信任：雇员们相信能够及时了解公司在目标、项目、政策和员工等方面的最新变化。相信一旦有任何人事变动，不管是入职、离职还是升职，领导们都会马上通知自己。一般情况下，不会有意外情况的出现，因为管理层能够进行有效的沟通。

职业发展上的信任：雇员们相信他们的职业发展能受到自己老板的指导，老板会给予自己真实的反馈，告诉他们哪些地方他们做得好，哪些地方尚需改进。雇员们积极参加培训，并因此受到奖励。

这四项能力中任何一项的缺乏都会影响人们对于组织的信赖。当前景上的信任缺乏时，比如雇员们对组织的远景感到紧张，他们就会质疑管理层是否理解正在发生的状况，是否正在做出合适的应对措施。一些有能力的员工开始离开公司，甚至会出现离职狂潮。

当管理上的信任缺失时，雇员们会因浪费掉的时间和精力而感到沮丧。他们会失去改进工作的动力，安于现状。最糟糕时，雇员们会嘲笑管理层，而管理人员则向员工们大肆要求他们提升自己。

当沟通上的信任缺失时，雇员们会通过非正式渠道了解相关情况的进展。流言蜚语也会因此风行。人们不愿意付出，不愿意主动交流。随着时间的推移，雇员们会怀疑管理层是否在试图隐藏什么，甚至公开质疑管理层的相关决定。

当职业发展上的信任缺失时，雇员们不会对管理者保持忠诚，不愿意努力工作，不愿意牺牲个人时间进行相关培训。员工士气开始下降，甚至觉得没有必要再对工作保持一种高标准的要求了。

缺乏上述任何一种信任都会引起公司业绩的倒退。解决办法就是给CEO和其他高层管理人员进行相关的训练，让他们能够掌握这些能力，让公司员工追随他们，进而使信任得以重建。

信任的最高形式应该是互惠交流。互惠交流意味着你平等地对待周围的人——珍视他们的想法，即便他们的观点与你的不同，你也会清楚地表明你尊重他们的观点。作为一个领导者，你应该经常召集大家，确定当下的工作重点，分享观点看法，进行方法讨论，然后对行动步骤达成一致。我们的一个客户——一位大型公用事业的CEO，每隔六周就会召集他的执行团队开一次全天会议，针对可能出现的问题，讨论各种解决办法，决定如何采取共同行动，以便整个团队能够共同应对。这家公司在行业中被认为是运营最为良好的公司之一。

创造力的起源

信任是关键，但并非全部。创造力是领导力方程式的第二部分。当创意能量涌动时，创造力就会产生。创造力让人们能够自由地探索新思想，不必有所顾忌。创造力能让人们置身于提高业绩的思考之中。当视野开阔，交流清晰，整个团队都在专注于如何达到某个愿景时，创造力就会产生。当对于重要事情有明确的绩效评估，以及绩效可以被一贯公正地评估时，创造力就会存在。

创造力与想法的"流动"有关——这一观点首先由社会心理学家米哈里·希斯赞特米哈伊（Mihaly Csikszentmihalyi）提出。在伟大的组织中，信任和创造力总是互利共生的。信任为大量的创新打下了基础（换句话说，创新是为组织目标服务的）。建立了信任，人们就会对改变持开放态度。激发雇员的创造力，你就能释放创新，组织就会受到新观念和真实目的的影响，产生振动和改变。信任和创造力在一起就能创造一种文化，在这种文化中，人们会对公司的成功有一种深切的参与感和献身感。

在注重信任和创造力的公司中，3M 是一个很好的例子。它的"15% 法则"，让雇员花费 15% 的工作时间来进行探索和实验。技术型的雇员可以申请公司内部补助为自己的创新性项目筹集资金。正是这种对于创造力的培养，才让 3M 公司产生了诸如思高洁皮革保护剂和雪丽高效暖绒等优秀产品。每周给员工一天时间进行创新，是脸书（Facebook）、推特（Twitter）和谷歌等许多优秀公司的惯例。

弗雷德·史密斯（Fred Smith）是联邦快递的创始人和 CEO。他在自己的公司中也有一个相似的策略："我们一直强调，不变革就是在死亡的路上，在脱离市场需求的路上。我们为那些激起变革的人欢呼。即便有人的新尝试并不怎么成功，我们也不会处罚他们。因为最容易让一个组织失去活力的方法，就是把那些试图创新的人钉在十字架上。"[4]

激发创造力

到现在，几乎所有人都对斯蒂夫·沃兹尼亚克和史蒂夫·乔布斯的故事感到相当熟悉了。乔布斯对乐趣、创造性、学习和新想法的探索格外看重："学习新技术和市场对我来说很有趣，"乔布斯喜欢这样说，"你只需要开始学习这个东西。如果你够聪明，你会理解的。"[5]

在自由的环境中，创造力才会繁荣兴盛。在自由的环境中，创新会意外被鼓励和接受，并最终发展成为有价值的东西。沃尔特·迪士尼（Walt Disney）深谙此道。在米老鼠还未诞生前，他就为自己的动画电影制作团队增添了创造力。沃尔特并不满足于当时无声动画和黑白动画的现状：他想创造出第一部有声动画电影，想为动画电影增添更多的色彩。跟沃尔特一起工作的人就曾说过，他会给员工尝试新事物的自由——员工们在沃尔特创造出的文化基础上进行创作，产生了诸多灿烂夺目的作品。

这有一个关于沃尔特创造力的故事。在 1934 年，在创作他的动画杰作《白雪公主和七个小矮人》（*Snow White and the Seven Dwarfs*）期间，沃尔特对当时二维背景的限制感到不满。他想创作出一种具有深度现实感的作品，因此他与动画部门在感光板上不断尝试，最终找到了一种的更好的方法。

因此，动画摄影机（Multiplane Camera）诞生了，这个精心制作的设备只有一层，但包含十二张可移动的玻璃面板，动画师可以在上面叠加不同的背景。通过细微改变每个镜头下玻璃面板的位置，迪士尼的动画师们成功地在《白雪公主》（*Snow White*）上表现出了三维效果。[6]这是在 1937 年。

通过不断对创造性效果的追求，沃尔特用创造力启迪了他的动画师和生产团队，让他们能够自由地想象，创作出伟大的作品。沃尔特·迪士尼工作室不断进行创新，在错误中吸取教训，最终成为世界上最成功的公司之一。

创造力并不仅限于私营公司。《改革政府》（*Reinventing Government*）[7]的合著者特德·盖布勒（Ted Gaebler）就把创新视为政府最重要的任务之一。"我们要让公职人员全身心地投入到工作中，"他说，"不是仅仅将财政支出削减一半，我们需要在政府机构中引入企业家精神。"

对于拥有高水平创造力的公司很容易识别：

- 员工能自由地挑战现状。
- 员工的表现超出预期。
- 员工觉得他们的工作充满乐趣。
- 员工没有受到等级的限制，可以提出改进意见。
- 员工对于分享自己的改进建议没有后顾之忧。

关于创造力的最好例子就是谷歌。10 年前，这家公司在成立时没有一点声响，今天，它的创新影响了广告、媒体、地理科学、疾病控制和气候预测等所有事物。在接下来的几年中，谷歌的创新会让你的购物单和你的电冰箱连接，然后发往商店；在高速公路上给你的车导航，将你的家变成一个微型自我生产的工厂。谷歌已经创造出了一种新型公司，它将非营利组织的优点与公司的优点进行了良好的融合。通过对高水平创造力的操作，它重塑了我们所做的一切。

领导力方程式

当我提出这个基本的公式（T+S=LC）之后，下一步就是扩展其范围，将与建立信任和激发创造力有关的各项特定法则纳入其中。这就是扩展后的领导力方程式，或者说组织卓越大理论（The

Grand Theory of Organizational Excellence）。书中关于培养领导力的方法有 10 种，分别对应后面 10 章的内容，前 5 章讲述的是如何建立信任，后 5 章讲述的是如何激发创造力。

信任	创造力
调整核心价值 （ACV, Align the Core Values）	加快变革步伐 （APC, Accelerate the Pace of Change）
明确工作重点 （STF, Sharpen the Focus）	激发创造力 （SCF, Stimulate Creative Flow）
带领他人 （LTO, Lead Through Other）	扩展系统思维 （SST, Spread Systems Thinking ）
优化管理决策 （MDW, Manage Decisions Well）	增加沟通 （MTC, Multiply the Communication）
从自己做起 （SWY, Start With Yourself）	提出有力问题 （APQ, Ask Powerful Questions）

使用这些缩写，扩展后的方程式是这样的：

(ACV+STF+LTO+MDW+SWY) + (APC+SCF+SST+MTC+APQ) = LC

尽管这些方法被分为两大类,但信任和创造力并不是独立存在、毫无关联的。就像之前提到的那样，它们两者更像一座联合循环的发电厂，信任为创新提供燃料，而创新又会产生信任。两者相互协作,都是建立领导力文化不可或缺的分部。

这里让我重申一下：人类的信任和创造力密切相关，两者缺一不可。在信任度高、创造力较低的文化中，人们会尊重信赖他人，但不能为企业发展提供持续的动力。在创造力高、信任度低的文化中，人们会富于开拓精神，但是他们的想法不能相互协调，会导致大量的冲突。

信任和创造力的影响

	高信任，低创造力	高信任，高创造力
信任 ↑	• 员工拥有共同目标，有权利实现这些目标 • 创造性不受鼓励；员工们参与度、主动性不高	• 员工理解公司核心价值、业绩考核标准，能共享信息 • 创造性获得鼓励和奖赏 • 员工将自身看作组织的管理者
	低信任，低创造力	低信任，高创造力
	• 公司由少数领导者管理，充满专制独裁风格 • 重要的业绩信息不共享 • 员工等着被告诉要做什么，积极性不高	• 员工参加创新活动 • 员工缺乏对成本的全面理解 • 重要的业绩相关信息没有共享 • 公司文化发展没有方向

创造力 →

　　最好的组织会同时注重信任和创造力的培养。在这些组织中，员工会在思想和行动上为公司的成功持续不断地努力。这些公司会吸引和留住最有能力的员工，而这些有才华的员工们会持续不断地进行创新。公司能给顾客带来惊喜和愉悦，表现也会超过同行。当信任和创造力共同作用时，员工们会感到自由，能提出有力的问题，提出不同意见。公司的文化会从员工只关心自己的工作，转换为员工关注整个组织的表现。当用信任和创造力来管理公司时，就会激发每个人的潜能。正如你将在接下来的 10 章中看到的那样，诸如 Zappos、苹果、西南航空等公司通过利用领导力方程式取得了极大的成功。

第一章
建立信任：
重新定义核心价值观

1986 年，肯·伊文森担任纽柯（Nucor）钢铁公司的 CEO，这家钢铁产品制造公司位于堪萨斯城。[1] 在他接手这家公司时，这家公司的企业文化可以说是古板乏味：公司的管理层和普通员工之间存在着相互的敌意。在伊文森到来之前，纽柯似乎已经注定要没落了。

伊文森通过三件事扭转了整个公司的文化：

1. 废除各种头衔。

2. 废除等级制度。

3. 废除所有主管享有的特殊待遇。

他的目标很清晰——他试图消灭"我们"对抗"他们"的这种精神状态，正是这种精神状态给公司带来了严重的损害。在伊文森的领导下，纽柯钢铁公司和工会协商出了一种非常成功的利润分享模式。在面对国外的竞争时，他也是欣然接受，毫不畏惧。

在伊文森掌舵期间，纽柯钢铁公司在价值观、组织结构和文化方面进行了变革，这些措施使公司取得前所未有的成功。把纽柯钢铁公司的业绩与其主要竞争对手之一——伯利恒钢铁公司（Bethlehem Steel）做比较，你就会发现，在长达 15 年的时间里，纽柯的表现可谓出类拔萃。纽柯钢铁公司股票价格比伯利恒钢铁公司的股票价格高出了 20 多倍。[2]

售卖鞋子和衣服网站 Zappos 的 CEO 谢家华，通过 10 种核心价值观将员工们团结在一起，建立了一家极为成功的公司。这 10 种核心价值观是 Zappos 招收员工的标准，也是员工们努力工作的动力，被展示在 Zappos 网站的显要位置。甚至，每个鞋盒内部都印着一种核心价值观。Zappos 有多成功呢？下面这些数据告诉你：1999 年，当谢家华加入 Zappos 的时候，网站并没有什么实际上的收益；10 年后，公司年销售总额超过了 10 亿美元。

Zappos 的 10 种价值观是：

1. 在服务中传递惊喜

2. 接受和推动变革

3. 创造一点乐趣和不可思议

4. 要勇于冒险、善于创造、心胸开阔

5. 追求成长并不断学习

6. 用交流建立开放和真诚的关系

7. 建立积极的团队精神

8. 追求事半功倍的效果

9. 充满激情、意志坚定

10. 谦虚低调

那么这 10 种核心价值观是如何在 Zappos 创造领导力文化呢？下面 3 种有意思的创新就是由这 10 种核心价值观所激发的：

1. 公司提供免费送货和退货服务。

2. Zappos 提供一年内免费退货的政策。

3. 销售人员不需要程式化的语言和行为。

"如果公司文化正确的话，那么许多其他事情，比如大客户服务或者建立品牌等，都会变得水到渠成。"谢家华说。建立一种领导力文化，给员工们一定的自由和空间，这正是谢家华能让 Zappos 如此成功的根本所在。

这两个例子向我们展示了，当领导者深入探索公司的核心价值时，便能将公司文化从个性驱动转变为价值观驱动。在调整核心价值观的过程中，潜在的矛盾会浮现出来，关于企业本质的讨论也会随之开始。员工得到的支持越多，越能承担更多的责任。员工自主权越大，士气和生产率也会随之上涨。这是一个良性的循环。

"我们不断确认员工价值观与公司的价值观是否保持一致。"一家消费品生产公司的 CEO——劳拉·巴顿说，"这是我们业绩常年保持辉煌的秘密。"她的秘密并不是随意得出的。首先需要对所有员工进行年度调查，对公司在核心价值观上的表现进行评估，哪里做得比较好，哪里又有所不足。接下来，在员工论坛上公布调查结果，收集针对得分较低的领域提出的改进意见。比如，"掌握工作与生活平衡"的得分较低时，劳拉就做出公开承诺，将会减少加班时间，并且提出更加公平地分配工作量的新政策。

对组织的核心价值观进行定义，然后应用，这是发展公司领导力文化的第一步。围绕着核心价值框架对人进行调整会带来许多好处。它能将管理者从束缚人的限制中解放出来，管理者不必再预测每个决定产生的后果，不必再对每个细节都进行管理控制。在一个价值驱动的组织中，管理者能够对决策进行分权处理，让员工们自我思考。只要员工的行为是基于共同的价值，他们就能够持续不断地做出正确的决策。

专注于核心价值观会吸引其他有能力的人。在你能对重要的事项和行为进行清晰的阐述后，就更容易为自己的组织找到合适的人。这也能减少人员的变更，进而减少因招募新人、聘请律师、留住员工产生的各种费用。在服务型经济中，人力成本不断增加，人员流动性不断变大，价值观调整成为保持竞争优势和利润增长的重要来源。

专注于核心价值观也会吸引和留住忠诚的顾客。人们通常会被他们所信任的公司吸引——这就是价值驱动。聪明的公司会利用这一点与顾客建立紧密联系。Zappos、星巴克、谷歌、苹果、西南航空、诺德斯特龙连锁百货、IBM 和保时捷，这些公司中都有大量的例子，可以说明核心价值观是如何影响员工和顾客行为的。

虽然核心价值观可以产生如此积极的影响，但一些公司制定自己的核心价值观时，还是只做表面文章，这让我吃惊不已。我开始相信许多人并没有真正理解核心价值观意味着什么。所以本章的目的就是确保你学到了如何以公司的核心价值观为标准，去调整员工们的行为。

法则1：调整核心价值观

领导者们需要改变原有认知，首先要认识到公司核心价值观对员工行为的重要性。价值观引导下的行为活动与组织的成功密切相关。传统文化中，员工们也会聚集在一起，谈论什么行为对他们是重要的。但这次的情况与以往不同。领导者需要发现这些基本的核心价值观念，还要让每个人都能了解它们。这样做，你可以向员工灌输信任、所有权和责任共担的深意。

正如 Albertsons 连锁超市的 CEO 拉里·约翰斯顿说的那样："领导力有两个维度：绩效和价值观。两者缺一不可。"[3]

在进一步展开讨论之前，让我们先确定大家都理解了我所说的核心价值观的意义。假如我说我的房子有很大的"价值"，这是说我的房子很值钱，但这种价值并不等同于核心价值。假如我说"我认为和朋友相处的时间充满价值"，这意味着我喜欢和他们待在一起，但这也不完全等同于核心价值。当我说"我珍视我的家庭"，那么，我是在对我最重要的东西进行阐述，这就开始捕捉到"核心价值"的意义了。

核心价值观的作用

	用核心价值观来管理公司	不用核心价值观来管理公司
外部	• 员工们认为公司在做正确的事 • 顾客被公司的产品和服务吸引 • 公司以诚信和创新出名	• 员工认为公司是自私的 • 顾客很难看到公司与竞争对手间的不同 • 公司以谨小慎微和被动应付出名
内部	• 员工出于信任而工作，能提出令其感到不适的问题，并公开进行讨论 • 分权管理，员工拥有更大的自主权 • 鼓励创新 • 员工们接受变革，适应的速度快 • 有能力的人被吸引到组织中	• 信任度低，员工们出于畏惧而工作，不愿意提起一些矛盾和敏感话题 • 集权管理，公司文化中充满命令和控制 • 扼杀创新 • 员工缺乏进行变革的动机和精力 • 有能力的人离开

为了更好地反映现实，我们有必要更清晰地解释价值观。在我们周围，有着不同的价值系统，就如同质子周围总是有电子在环绕一样。首先，我们都有自己的个人价值观。这些价值观反映了我们作为个人最为重视的东西，首先是生存，其次是家庭，接着是自尊和自由。[4] 除了这些之外，还有其他的个人价值。一些人注重积累大量财富，另外一些人注重公共服务。在个人价值观上，唐纳德·特朗普的选择明显跟教皇不同。

除了个人价值观之外，还有工作价值观。在我们工作中，有一些事情是我们比较看重的。有些人注重创造性，有些人注重团队合作。一些人注重体力活动，一些人注重脑力活动。

除了与我们密切相关的个人价值观和工作价值观，还有文化价值观。文化价值观的变化幅度很大。个人表达的自由在美国尤受重视，丹麦人则注重平等主义，而尊重权威在沙特阿拉伯文化中体现得尤为明显。一种文化的价值观念会影响在这个文化中生活的人，并渗入到他们生活的方方面面。[5]

最后，是公司的核心价值。当我谈论公司的核心价值时，我指的是那些在公司的成功中不可或缺的内容，比如产品的可靠性、顾客的满意度、道德上的诚信等。这些价值观念对于公司取得长期成功至关重要。

作为管家的领导者

我说过公司的核心价值观体现在公司会说些什么，这对于其成功不可或缺。但是很明显，组织是不会说话的。如果领导者的职责不是清楚表达出最重要的东西，那又是什么呢？成功的领导者们都是管家，他们会做一切能促进组织发展、维持其正常运营的事，然后把公司移交给下一个领导团队。如果公司没有在他们的手上变得更好的话，他们也会尽力使其保持原样。

这种管理方式是非常重要的。将自己视为企业管家的领导者，看问题时就会采取长远的观点，始终促进企业成长，维持企业发展。谷歌的核心价值观就反映了这种管理方式：

1. 创造与挑战；

2. 提供不偏不倚的精确信息，以及自由获取信息的方式；

3. 独立和公平；

4. 保持长期的财务可持续性；

5. 为有天分的雇员投资。

在这些理念引导下的行为为谷歌的成功做出了不可磨灭的贡献。

发展核心价值观

如果想要抓住企业不断成功的要点，就必须对核心价值观进行准确定义。在决定你公司的发展方向之前，你需要先体会公司的核心价值观。那如何识别核心价值观呢？你应该关注哪些方面？采取什么措施？又该怎样开始？

首先应该对下面这些问题进行探讨："我们之前的领导者们说了什么？公司的创始文件中是怎样表述的？那些代表企业最佳利益的人是如何确保其实施的？"这是约翰·罗尔斯"中立人"的标准，关于这一点，他在自己具有突破性意义的著作《正义论》（*A Theory of Justice*）⁶ 中已有清楚的阐释。对自己公司的核心价值观做出规定，也就是对公司成功必需品质的深入探索。

这里可以介绍一个技巧：关于核心价值观，我发现人们需要一个探索目录，以确保所有关于组织的价值观念都被考虑在内。下图可作参考：

为什么是这七项呢？顾客满意度和可靠性入选的原因很明显，因为无论你是生产产品还是提供服务，这两者与吸引顾客、保持其忠诚度直接相关。道德诚信同样如此，在透明化改革下，公司不诚信的行为会引发相当大的风险。吸引和留住有能力的员工，同样也是必需的。安全感的重要性在许多公司中得到了确认。环境保护在一段时间内并不被认为是企业成功的必备标准，但现在也被许多公司列入到了核心价值观当中。一方面是因为环保本身是一件正确的事情，另一方面是因为破坏环境会给一家公司的声誉带来毁灭性的影响。最后就是财务持续性，如果一家企业没有财务资源，也就不可能正常地运转下去了。

简而言之，这个有关核心价值观的目录是开始探索公司成功必备素质的起点。对这些类别进行一一核对，你就能确定自己是否已经穷尽了所有办法，尽了最大的努力。不过，了解这个划分只是第一步。你必须围绕着每种核心价值观发展出各种细节，公司的管理人员和普通员工都要用行动为每一种价值观提供支持。你也必须将核心价值观落实到在计分卡上，这样你就能对这些核心价值观的相关情况进行测量和评估。

下面这个"五步法"能够帮助你的组织定义它的核心价值。

第一步：从核心价值观出发规划团队

对能够起到规划团队作用的核心价值观进行定义是非常重要的。公司的其他人会观察管理团队是否拥有核心价值观，能否与员工持续进行交流，并在矛盾凸显时对其进行支援。在大多数情况下，这个团队应该包含公司的最高领导。毕竟，他们才是公司现在的管家。企业的 CEO 或者高层领导者绝对需要成为规划团队中的一员，这不是可以委派给他人的工作。领导者强烈的参与感是重要的，其产生的结果会成为公司必不可少的价值观和业绩指标。[7] 如果公司的领导者没有积极参与，就表明公司没有严肃对待这个练习。

第二步：仔细思考核心价值观

基本的问题是：什么行动促成了我们组织的成功？在前面，我罗列了一个人应该探索的七类核心价值观。以这七种分类为指引，写下自己公司的核心价值观，以及促使其实现的活动、行为细节。比如，对于核心价值观中的财务可持续性，对其的支持行为可能是"掌握具有竞争优势的价格"或者"保证能够获取贷款"。团队应该通过多次会面，产生一系列的核心价值观和支持行为，在接下来的内容中，我们会看到有关的诸多范例。

第三步：找出潜在矛盾

在你迅速决定一系列的价值观之前，你应该对不同核心价值观之间可能产生的矛盾冲突进行讨论。并不是所有核心价值观之间的关系都很融洽，有些可能会带来不和谐的声音。财务收益与顾客满意度在某种程度上就存在冲突。要对那些不同价值观之间已经存在或可能存在的矛盾进行了解。比如，一个规划团队的成员可以说："我们现在没有对顾客满意度进行严格系统的评估，因为进行这一评估会花费不菲，会给我们关于财务收益的核心价值观带来压力。"

另外一个规划团队成员可能会说："我不明白为什么不破坏环境要被列入核心价值观中。对于环境的影响，并不是完全在我们的控制范围之内。我们需要做的很多事情都可能与其存在矛盾。在决策制定上，我想看到我们在做社会或道德所认为的正确事情，但不是以牺牲公司利益为代价。"

有利于核心价值观的行为

核心价值观	企业行为
财务持续性	· 盈利能力 · 价格优势 · 信用等级 · 资金回流 · 投资回报
顾客满意度	· 顾客满意度 · 顾客"参考能力" · 留住顾客

核心价值观	企业行为
道德诚信	• 诚实 • 责任 • 公正 • 社区服务 • 尊重
员工满意度	• 工作满意度 • 吸引和留住优秀员工 • 多样性／包容
可靠性	• 供应可靠 • 质量可靠
安全	• 顾客安全 • 雇员安全
环境保护	• 对环境的保护 • 产品或服务的卫生 • 保证清洁环境

这些内容正是你在寻找潜在矛盾时需要讨论的。首先，讨论如何对每种价值观的实现程度进行评估（稍后会详谈这一点）；讨论团队如何通过交流来解决这些矛盾；在两种或者多种核心价值观发生冲突时，如何做决定？对于这个问题，没有正确的答案，唯一的办法是，你经过深思熟虑之后，相信自己能够通过与他人的交流有效地达到适度平衡。

第四步：在实践中运用核心价值观

当你确定了核心价值观之后，重要的是将其与管理层和员工的实际行为以"我们保证"的形式联系起来。下面的例子中，你可以看到一家公司如何将其关于顾客满意度的核心价值观转换成"我们保证"的形式。

在实践中运用核心价值观

核心价值观：顾客满意度
我们和客户经常交流，保证"没有意外"。
我们与多个客户交流时，保证和所有人都保持常规的沟通。
我们会按时完成项目。
我们会将项目控制在预算之内。
我们会灵活多变，适应顾客需求的变化。
我们会对客户没有得到满足的要求（比如，项目完工的最后期限，预算等）进行内部交流。
我们会为项目提供足够的时间。
我们会为公司提供成长前进的资源。
我们会在 24 小时内回复所有的客户来电和邮件。
我们会定期对客户服务进行创新，集思广益。
我们会及时对客户活动及新客户信息进行通报。

不可避免地，有人会问："我们需要多少个保证？"答案是："与核心价值相关的行为一样多。"通常，针对每种核心价值，会有 10~15 条保证。

给你一个提示：你会发现你试图在保证中使用"质量"这个词。比如："我们保证客户服务的质量。"这就会产生一个问题：每种价值观念都与质量有关。我的建议是找一个质量的同义词。无论如何，不要为质量创建一个单独的分类，这样只会导致更大的困惑。

第五步：确定核心价值观的评估方法

在优化核心价值观之后，讨论如何对其进行评估无疑是十分有益的。这是关键的一步。通过对其进行描述，能够帮助人们理解这些核心价值观的真正含义。最终，你所评估的内容也是你将做的事。因此，衡量标准是让人们围绕核心价值调整行为的关键。

有什么例子吗？顾客满意度可以通过询问客户，让其对你的产品或者服务进行评级来确定；有竞争力的价格可以通过竞争对手的价格指标确定；诚信可以通过调查人们（你的雇员、顾客和股东）的想法来确定。每一种价值都与度量标准（你测量的东西）和目标（期望的水平）相关联。评估每种价值的决策过程会帮助你清除停留在价值含义上面的蜘蛛网。比如，如果创新是一种核心价值观，那么找到评估创新的方法有助于创新概念的澄清。创新是产生新的产品和服务吗？其创新性是否得到了顾客的承认？是否能够带来质量上持续的改进？对于这些问题，有很多种方法能提供答案。

平衡的计分卡

记住我们的定义，核心价值观反映了公司成功的本质。因此在将特定的绩效度量标准、目标与你的核心价值观连接的时候，实际上，你为组织创造了一种平衡的绩效计分卡。这个计分卡在成本效益和顾客满意度之间、可靠性和创新性之间创造了一种平衡。

核心价值观计分卡

核心价值观	度量标准	目标
财务持续性	• 保持价格优势 • 保证获取贷款 • 保存利润率 • 产生股本回报	• 零售价格平均低于竞争者 5% • 销售每年增长 5% • 客户单个成交量每年增长 2% • 毛利率不低于 7% • 穆迪评级保持在 3A 水平 • 净资产收益率为 11%
可靠性	• 销售无缺陷产品	• 每千件售出的产品中因质量问题退货的数量不高于 12 件
客户满意度	• 取悦客户	• 综合客户满意度超过 95% • 单项评估不低于 85%
员工满意度	• 吸引并留住高效率员工	• 在年度员工满意度调查中得分为 85% 或者更好
道德诚信	• 在与公司和客户的交易中诚实守信	• 对不诚实和不符合要求的例子采取零容忍的态度 • 内部评估超过 95%
环境保护	• 不对环境造成直接伤害	• 对违反法律的情况采取零容忍的态度 • 废水总体回收达到 50%
安全	• 保护我们雇员和顾客的安全	• 员工安全事故每月发生少于 1 起 • 顾客安全事故每个季度每店少于 1 起

核心价值观范例

这是一个关于核心价值观的范例，来自世界上最成功的公司之一。首先，仔细看看以下核心价值观的列表。稍后，我会公开这家公司的名字。

核心价值观	支持行为
人才	• 我们吸引和招收世界上最佳的人才 • 我们建立组织的原则是对所有人员一视同仁，不会因为业绩之外的因素进行提升和奖励 • 我们坚信，P&G 中的所有人始终是我们最重要的资产
领导力	• 在我们所负责的领域内，我们都是领导者 • 我们的发展方向（目标）十分清晰 • 我们将资源用于完成我们的目标和战略 • 我们能够实现战略，消除组织中存在的障碍
所有权	• 我们采用个人问责制，以满足商业需求，提升我们的系统，帮助他人提高效率 • 我们都像主人那样，把公司的资产当作自己的资产般珍视，在心中希望公司长久的成功
诚信	• 我们总是尝试去做正确的事 • 我们对彼此坦诚相待 • 我们合法经营 • 我们在每次行动和决定上都维持 P&G 的价值观和原则 • 我们在实事求是的基础上倡导提议，包括承认各种风险
信任	• 我们决定在重要事情上做到最好 • 我们可以对现状有合理的不满 • 我们有强有力的愿望进行改进，占领市场

核心价值观	支持行为
获胜的激情	• 我们尊重 P&G 的同事、顾客和消费者,用我们期望别人对待自己的方式对待别人 • 我们对彼此的能力和意图有信心 • 我们相信人们在信任的基础上表现得最好

现在你可能已经猜到了 P&G 代表的含义了。没错,就是宝洁。宝洁是全球消费品制造公司的领导者。每年的销售额达到了数十亿美元,宝洁在市场上一直享有卓越的声誉。[8]领导者们确信公司持久的成功源自不断重申和传达的核心价值。

拥有一个平衡的计分卡有助于你向批评者们说明情况。比如有些人可能会对公司的财务状况表示关切,你可以这样回复:我们可以通过裁员在短期内获得更多的利润,但是我们的服务水平和可靠性就会下降,最终我们的顾客会逐渐减少,公司收益也会受到损害。难道这种方法能够增加利润吗?

根据我的经验,只要公司能够围绕着核心价值观对员工行为进行调整,财务状况始终会是积极的。我们公司曾帮助一家连锁杂货店引进了一套基于其管理系统的核心价值观念,一年后,其利润增长了 24%。通过相同的手段,我们使一家市值 20 亿美元的软件公司利润在一年后上涨了 37%。

一旦你确定了自己的计分卡,不要耽搁,马上就去着手进行有关的传播事宜。我们的客户——一家大型能源公司的 CEO,坚持每个月按照计分卡与股东、顾客和雇员进行交流。这是领导者们用核心价值观矫正企业员工的行为时,最重要的一件事。关于计分卡的交流为领导者和员工之间构建了信任，领导者们能让他们自己和所有人共担责任。记住，公司没有达到业绩目标并非是不可接受的。真正让人们不能接受的是缺乏透明度。尽管这一点凭直觉就能知晓，但是有多少领导者没有理解这个最基本的想法呢？我想是有一些的。

传播核心价值观

在这些核心价值确定之后，接下来最重要的事就是让管理人员和普通员工能够理解它们。这是建立赞同的过程。同时，也能给你一个机会，就你正在做的事情和这样做的原因与大家展开交流。人们需要知道，你坚持要建立一个以价值观为基础、业绩为导向的组织。

这个教育过程应该被设想成为一场活动，要完成的目标有三个：（1）将人们囊括其中；（2）激发讨论并集思广益；（3）对核心价值观的使用和评估进行交流。

这需要花费时间和精力，但是这样做是值得的。人们应该被鼓励进行充分的讨论，以便理解这些价值观。并不是所有人都能马上做到，但是没有关系，为90%能做到的人而努力，而剩下的人最终也会理解，或者被淘汰掉。

公司的CEO或者高层领导需要完全置身于这个教育过程中。他（她）在这个过程中的领导力具有重要的象征意义，同时也是建立各个层面的价值观的催化剂。举个例子。一家位于洛杉矶的金融服务公司提出了三种核心价值观：目的、人与激情。每一种都与"我们保证"相连接。公司的CEO之后花费了几个月的时间宣扬这些价值观念，确保这些价值观从公司的招聘到员工满意度调查，能融入到公司的方方面面。

你教给了公司员工这些核心价值观，你就做成了一件大事。我们已经看到了领导者们将这些核心价值观变成了标语横幅，将它们贴在每个会议室中，印在办公用品上。有一家公司的 CEO 在公司总部前面竖起了一个印有核心价值观的牌匾，他站在总部入口，同每个雇员握手，给每人发一个翻领别针，并称："这就是我们的价值观。当你进到这里时，要记住这是我们一切工作的指引。"

四种沟通

通过尝试与犯错，我发现在每个人真正地决心遵从核心价值观之前，有四种沟通是必要的。

第一种沟通是为了了解每个人如何解读核心价值观。你可以提供给人们一份核心价值观清单，然后问一个简单的问题："你认为这些是我们公司取得成功最需要的东西吗？"

这种沟通让人们发现他们的共同立场和分歧所在。分歧的存在是很正常的，也是非常重要的，因为它为人们提供了进行重要对话、发现与价值观之间更深层连接的机会。人们不能迅速地团结在核心价值观周围并不是什么危险的事，真正危险的是，人们迅速地聚集在一起，但是一些用于建立理解和信任的谈话却因此省略掉了。

第二种沟通是为了探索组织核心价值观和个人核心价值观之间的区别。开始这个讨论的最好方式是提出下面的问题："对你个人而言，什么是最重要的？而它又是如何与组织的核心价值观念相连的？"这种谈话能够让人对他们的个人价值观进行清晰的表述（通常是第一次）。这给了人们了解彼此、欣赏不同的机会，同时也反映出一个现实：他们的不同源自自身所持的不同观念。比如，一位来自大型连锁零售店的员工说他最大爱好就是画自然风景。之后，他称对于绘画的热爱，竟然意外地与他杰出的顾客服务存在关联。"你必须在与每个人的相遇中发现隐藏的愉悦。"他说。

核心价值观案例：星巴克

在拥有清晰核心价值观的组织中，星巴克是一个很好的范例。它的核心价值观共有六项：

1. 提供优越的工作环境，尊重每个人；

2. 拥抱多样性，将其作为我们事业必不可少的一部分；

3. 在咖啡的购买、烘焙和及时配送环节上，我们采取最高的标准；

4. 始终为顾客提供充满热情的满意服务；

5. 为我们的社区和环境做出积极的贡献；

6. 承认盈利对于我们未来的成功是不可或缺的。

在星巴克中，绩效是基于这些核心价值观来评定的。这些信息被转换成为计分卡，并与管理人员分享，接下来再由他们对能够持续提升公司业绩的方法进行集体研讨。所有的决定都是在这些核心价值观指引下做出的。结果呢？星巴克的业绩获得了非凡的增长，这是因为核心价值观同时保证了产品和客户服务质量。不仅如此，星巴克新开业的门店还超过 7200 家，成了分权管理的成功典型。

第三种沟通是将组织的价值观应用到真实事件中去。回顾企业没有真正落实价值观的时期是具有建设性意义的。人们可以对过去发生的事情进行询问，而不必担心受到责备。展望未来，他们可能还会遇到价值观遭到挑战的情况。

关于这种交谈，我们可以通过下面的询问开始："看一下我们定下的核心价值观，想一想我们的行为与其不符的情况。当时都发生了什么？是什么样的决定让我们走到了那一步？在将来，我们在交流和决策上应该采取哪些不同的行动以避免类似情况再次发生？"

第四种沟通是将核心价值观转变成为每个工作分类的绩效目标。人们需要理解"我们保证"并不是"哲学上的绒毛"（philosophical fluff）——它们与核心价值观的一致性将会受到评估。这会创造一个有力的连接和一个综合绩效管理系统。

"空洞的"价值观

当你对一个组织的核心价值观下定义时，很重要的是，避免它们听上去很空洞。下面是由一家公司制定的一系列核心价值观。这些价值观看上去像那么回事，但却经不起推敲：

- 我们以团队的方式工作。
- 我们诚实守信，遵守道德。
- 我们拥护多样性。
- 我们期盼和支持卓越的服务。
- 我们为自己的成功欢呼。
- 我们鼓励创造性和创新。
- 我们关心我们的团队。

这个价值观有三个问题：首先，没有关于这些内容的具体定义。公司的成功是必需的吗？对于团队来说，它们是重要的吗？第二，一些核心价值观似乎是被忽略掉了，比如，财务的可持续性。最后，有些内容可以归纳到其他条目之下（各个条目间的覆盖范围有所重合）。比如，"我们为自己的成功欢呼"似乎就属于"我们以团队的方式工作"的范畴。所以，这家公司的一系列价值观没有产生什么影响也就不足为怪。

我认为价值观空洞的另外一个例子来自果汁品牌 Jamba Juice，这是一家经营果汁等健康产品的销售商。

愉快（Fun）——享受快乐。微笑面对顾客，为顾客创造一种愉悦的感觉。

诚信（Integrity）——言出必行。表现良好个性，创造一种相互信任、互相尊重的氛围。

平衡（Balance）——平衡生活各方面。对顾客、团队成员和股东的需求予以同等的重视。

赋能（Empowerment）——相信自己。要积极响应，进行创新。为让顾客感到幸福，尝试一切努力。

尊重（Respect）——尊敬他人。帮助彼此成长，致力于建造一个充满活力与多样性的团队。

这些价值观背后的情感是诚挚的，但并没有完整地反映出 Jamba Juice 最重要的东西。以单词首字母来选择公司的核心价值观只会让这些词透露出一股陈腐的气息。你需要仔细寻找你所在的组织不能深入研究核心价值观的原因并马上着手解决它。如果一个领导看上去不愿意为公司的成功花心思，那么将对公司的士气产生巨大的伤害。

核心价值观与分权决策

　　建立核心价值体系最大的好处之一就是能够在决策过程中进行分权处理。当人们理解了公司的核心价值，就不再需要自上而下的命令与管控。作为代替，你可以实施"以价值为基础的决策"，进而得到创新性更强、水平更高的结果。在西南航空的早期发展中，赫伯·凯莱赫（Herb Kelleher）和他的管理团队想减少飞机在地面卸货、加油等所需要的时间，并将目标设为15分钟。但实际上他们的团队竟然将这一时间减至了10分钟！当维修主管和前线雇员提出一项又一项的创新时，凯莱赫的眼神里充满敬佩。在没有采取任何措施之前，这一标准被认为是不能达到的标准。西南航空是怎么做到的呢？原因是他们已经在决策和业务中确立了分权原则。这在当时是绝无仅有的。

　　当以价值观为基础的决策原则确立之后，关于集权和分权的紧张对立就消失了。一家加利福尼亚州的政府机构，在清晰地表述了其核心价值观、确立了相关评估方式之后，就产生了一系列的具有创新性的想法，其间几乎不需要集权化的核查与干涉。

　　从另外一个角度来说，核心价值观一消失，官僚主义和集权化就会出现。一家软件公司，坚持为每一名雇员提供统一的硬件和软件平台，却完全忽视终端用户的需求。顾客抱怨公司的客户服务水平太低，其财务表现也随之暴跌。为了处理这个问题，一个"黑市"随之出现，同时又进一步造成了内部的紧张状况。核心价值观如果缺乏明晰的框架，就会给员工的创新、信任和满意度带来普遍的压力。

　　总之，核心价值观和分权决策之间的联系是改变能否实现的最为强有力的影响因素之一。成功的领导者会努力在企业文化中实现价值观导向决策的渗透，最终使其能够在整个组织中得到贯彻。当这一任务完成时，其带来的成果将是非同一般的。

在你对公司的核心价值观进行调整矫正的过程中，检查一下那些还在影响你的老想法还残存多少。问自己，下面这些制度是否与组织的核心价值观保持一致：

- 报告制度——组织的结构和层次
- 行政津贴
- 雇佣惯例与制度
- 培训制度
- 补偿制度
- 业绩检查制度
- 内部沟通制度
- 信息技术制度
- 信息获取和公开法则

以核心价值观为中心对人们进行调整时，你会发现上述制度中每一种都要稍稍调整。比如，要稍微修改补偿制度，以奖励那些维护核心价值观的人。内部沟通制度应该对公司业绩关键信息的分享稍作延缓。培训制度中，对能力的要求应与核心价值观一致。在你将所有的这些制度运行之后，仍然需要一定的时间对各项制度进行校准。将价值观变成更高的信任度，这个过程无疑是有趣的。

结论

一个成功的领导如果想要维持组织的成功，就一定要花相当多的时间和精力对组织的战略重点进行阐述和传播。他们应该了解，这是在建立信任，是让员工竭尽全力的第一步。优秀的领导者会将时间精力用在检测组织的核心价值观上。这样，领导者就能把握住顾客和股东最关心的问题，也就掌握了成功的本质。不管你是在小公司或大公司工作，还是在非营利组织或公共机构供职，这一点都是不变的。对核心价值观进行沟通交流，会让不同的部门行动一致，也会让工作重点更加清晰，让人们能够做出经得起时间考验的最佳决策。

核心价值观并不神秘。典型的核心价值观包括道德诚信、客户服务、产品卓越和环境管理。工作的难点在于日复一日地对这些价值观进行传播，只有这样才会建立起一种以尊重为特征的文化，创造这种文化对建立信任非常重要。

第二章
明确重点：
制定清晰的工作目标

IBM 的前 CEO 路易斯·郭士纳为 IBM 带来了颠覆性的变化。他是如何做到的呢？通过明确工作重点，郭士纳把 IBM 重心放在了实现客户需求上，而非创造出下一种新技术。

这是一个很简单的想法，却在 IBM 内部引发了一场革命。20 世纪 80 年代早期，在郭士纳来到 IBM 之前，IBM 就曾试图建立自己的操作系统，以此作为中央处理器的标准。受 AT&T（美国电话电报公司）拆分多个贝尔电话公司的启示，IBM 也曾计划对自身进行拆分，以实现股东的更大利益。

当郭士纳到来后，他看到了 IBM 问题所在，即缺乏对顾客需求的关注。他将拆分 IBM 的决定视为一个重大错误，认为拆分将会破坏 IBM 为全球客户提供综合解决方案的能力。[1]

郭士纳将全部精力投入到理解 IBM 客户和他们不断变化的需求上。为此，在超过半年的时间里，他往来于世界各地，行程达到上百万英里。在郭士纳领导下，IBM 致力于为客户提供解决方案。IBM 曾被吹嘘的操作系统部门关闭了，一个新的全球服务部门取而代之。

成功的领导会在组织中采取这种明确工作重点的战略。"我们会裁撤公司中不把客户放在第一位的部门。"郭士纳说这句话时，他是认真的。有员工询问如何在公司新的组织结构图中找到自己的位置，他这样告诉员工："你问了个错误的问题。你应该关注客户，而非自己。"随后，他关闭了负责公司组织结构图制作的那个部门。

郭士纳的热忱取得了效果，IBM 的财政收入得到了稳步提升，公司从停滞不前到步入正轨。如果有人查看 IBM 在 1992 年到 2001 年期间的市场份额，就会发现郭士纳的战略使 IBM 的市场成交量达到了 1520 亿美元。

明确工作重点也能为组织的成功带来动力。从我自身的经历来看，执行明确工作重点政策的组织，其表现总是好于同行。从谷歌到星巴克，从 Curves 健身到西南航空，拥有重点意识的公司总能为客户和股东带来更高的价值，为员工带来更具信任和创造力的工作环境。从字面上来说，当人们专注于某事时，他们就不容易被一些琐碎的事情分散精力。

你该怎样做呢？如何让员工明白他们要完成的事情，让他们在公司规划中找到自己的位置，就是本章中要探讨的事情。就像上一章那样，我会带着你一步一步地走完整个过程。但首先让我解释一下，这个过程是如何帮助企业建立信任的。

伟大的领导者们通过愿景来创建信任。人们需要了解公司的计划和方向。愿景有两个组成部分。第一个组成部分是公司想达到的目标。西南航空的目标是让航空旅行更低廉，成为比汽车更方便快捷的出行方式。Curves 健身的目标是为女性提供能消费得起，可以轻松实现的健身方式。汇丰银行的目标是成为世界上最好的本土银行。

第二个组成部分就是应对变化的内部计划。愿景与能否清晰理解目标实现过程中采取的相关措施有关。这意味着，有时我们需要在关注点和方向上稍做改变。有时我们需要对现有资产重新部署。只有在少数情况下，才会对公司的整体商业模式进行修改。为了建立能被充分理解和完整实现的远见，你需要采取以下四个关键步骤。

> **法则2：　明确工作重点**
>
> 　一个模糊的方向并不是好的目标，比如，成为行业的全球领导者。人们需要有重点的愿景：你的公司想创造什么样的未来？你的公司能够给客户的生活、工作或者娱乐带来哪些革新？你有什么独到的方式将世界变得更美好？明确工作重点并不容易，有时需要做出艰难，甚至是痛苦的选择。不过清晰的战略重点会建立信任并且产生创造力。研究表明，愿景越集中于某一点，人们就越能投入进去，实现目标。

第一步：确定愿景

确定愿景并将其写下来，说起来非常容易，但做到却很难。下面这些问题会给你一些启发：在制定愿景的过程中我们需要哪些人参与其中？需要什么样的智囊团来支持？是否需要外部资源来激发我们的思考，确保一切照常进行？

在许多案例中，愿景规划团队包括了 CEO 和他（她）的执行团队，也有将公司董事会成员或者外部持股人纳入其中的情况。你需要的是对行业有深刻洞见的人，是拥有不同观点但善于倾听，能够改变原来想法的人。最主要的是，你需要公司中关键人物能够坚持到底，捍卫愿景，落实计划。

确立了愿景规划团队成员之后，你需要首先考虑下面的这些问题：

1. 现在哪些人是我们的主要客户——即我们最想为其创造价值的那群人？在未来 5 到 10 年间，他们会发生哪些变化？

2. 我们现在是哪种商业模式？是如何盈利的？在未来 5 年，我们的商业模式将会发生哪些变化？

3. 我们的客户受哪些潮流的影响？如何看待我们的产品、服务价值在接下来 5 年内将发生的变化？

4. 对客户而言，除了我们的产品和服务之外，还有哪些替代选择？这些替代选择正在发生哪些变化？

5. 我们现在关注的是合适的客户吗？竞争者是否也关注同样的群体？如果我们改变现有的关注对象，将会发生什么？

6. 为了给客户创造更多的价值，我们能多做（或少做）点什么？

7. 在我们事业中，可以进行哪些创新，从而为客户创造更多的价值？为此，我们应该如何改进经营方式？

8. 基于上述内容，我们应该设置什么样的愿景？我们想要什么样的结果？愿景的理论依据又是什么？

9. 基于上述内容，我们应该制订什么样的内部计划——在接下来的 5 年内，如何对组织进行变革？

10. 为了实现愿景，我们进行相应变革和投资时应优先考虑什么？

明确战略重点的作用

战略重点被很好地理解	战略重点未被很好理解
人们拥抱变革，并在工作上做出相应的调整。	人们缺乏改变的精力或动机。
人们会对自我和团体表现进行评估。	人们通过完成的任务量来进行自我评估，或从不自我评估。
人们积极主动。	人们被迫做出反应。
人们会提出存在的问题，并公开讨论。	人们不愿提出矛盾或敏感问题。
公司士气高涨，员工的变动率低。	公司士气低落，员工的变动率高。

在某个时候，你需要对公司愿景进行协商（换句话说，就是你对计划进行尝试）。对于一些组织来说，愿景的时间跨越可达 10 到 15 年。对另外一些组织来说，更短的范围，如 3 到 5 年更为合适。在泰瑞达（Teradyne）——一家快速发展的网络性能监测软件的制造商，其愿景规划的范围则为 1 年。为什么呢？因为软件行业发展非常迅速，任何一家软件公司的 CEO 在设立愿景时，都不能确定 12 个月以后的行业发展情况。

在他人讲述愿景时，将听到的内容写在纸上，并将其中重要的变量分离出来，这样做是非常有价值的。绘制"策略地图"或书写梗概是一个有效的方法，这样我们就能知道一些重要的变量是如何产生不同愿景。在人们在讨论设想时，你就可以开始绘制他们的不同愿景，并对其进行比较。

关于情景规划，我最喜欢的例子就是俄勒冈的波特兰。在 20 世纪 70 年代，波特兰就建立了一个 25 年的发展规划，这是一件非常了不起的事情。波特兰市政府要求市民们对城市带来的价值进行思考，如露天空地、廉价房屋、就业机会、清新空气和市区密度等。根据市民反馈的结果，城市规划者们为波特兰的未来假设了各种情景。

有的情景强调发展经济和增加就业，有的情景强调保留露天空地，有的情景强调廉价房屋的供给。负责制定规划的人员，对市民进行了调查，让他们根据喜欢程度，对这些情景进行从高到低的分级排序。市民的响应非常积极。结果显示，保留露天空地位居排行榜首位，之后才是增加就业机会。

波特兰的城市规划者因此做出规划，严格限制城市核心区外围的发展。其实在规划之前，也留有城市发展的空间，但是不多。这个规划显示，市民们宁愿忍受更高的房价和城市密度，以此来换取对露天空地的保护。

今天，到访波特兰的人可以看到这个长期愿景的影响，以及其产生的成功。一条非常可爱的绿色之环围绕着波特兰。波特兰的经济蓬勃发展。其房价猛涨，新建房屋的密度更高。不像大多数城市，这种复杂的交易要么不是没有被处理，要么就是需要投票解决，波特兰的例子说明了正面解决愿景问题的价值。

练习

这个练习能让你建立自己的愿景。

从现在开始，对今后 5 年的规划进行设想（或者依据你自己设

定的范围）。想象你正在读一篇关于自己公司的报刊文章。这篇文章谈论的是你公司所取得的显著成就。想象一下标题以及与标题相关的故事。

用自己的话记下标题和故事。在这个故事中，让公司走到现在如此成功地步的最重要决定是什么？是谁做出了这些决定？公司具体做了哪些事？又解决了哪些矛盾？

人们准备好之后，让他们把自己的标题和故事分享给大家。之后，让大家展开评论，哪些是他们喜欢的，哪些是他们不喜欢的。提醒人们将关注重点放在让他们对这样的愿景感到兴奋的部分。

在这个练习之后，询问人们哪一种愿景最引人入胜。在这个时候，一般会出现其中的一到两种愿景。之后，从两个方向来看待这个愿景。第一，情感上：这个愿景让你感到兴奋吗？第二，理性分析方面：这样做的理论依据是什么？对我们的客户来说，价值在哪里？这个愿景能给客户带来什么好处？能带给公司什么好处？

不断地提出这些问题，引出答案，直到人们能聚集到一个共同的愿景周围。

第二步：明确工作重点

如果所有的事情都是优先项，就等于没有优先。为了明确工作重点，你需要清楚组织不应该做什么，哪些事不必优先处理。一家全国汽车零部件连锁店曾计划在两年内平均每月开一家新店。其CEO告诉他的管理人员："我们不考虑任何兼并或者收购。我们只需用全部精力支持新店。"

一些领导者不愿意明确工作重点，认为这样会让他们面临多种机会时做出更灵活的选择。但是当公司的工作重点模糊不清时，公司内部的信任程度就会急剧下降。主要的矛盾得不到解决，钩心斗角就会取代工作表现，官僚主义胜过创新精神。人们的公平测量器经常响起警报，因为他们意识到了真正领导力的缺乏。

重点模糊时，糟糕的事情就会发生。下面就是一个例子：

在 20 世纪 80 年代以前的 100 年中，西尔斯百货（Sears, Roebuck）一直是世界上最大的零售商，是企业创新和注重客户服务的典范，其财务状况也一直表现良好。后来，为了提高公司股票价格，西尔斯百货开始尝试业务多元化，将其业务范围扩展至高利润，但非相关的金融领域。其公司愿景开始混淆不清。它的愿景是成为低价零售中的创新者吗？是在电子商务中占有重要的一席之地吗？不是，它的愿景就是赚更多的钱。

因为自己的愿景首先是钱，西尔斯百货丧失了对电子商务和零售业深入观察的机会。沃尔玛和其他公司紧随其后，让乡村地区的人们除西尔斯百货之外有了其他选择。通过自身的创新，这些公司找到了改善销量、创造利润的方法。从这之后，西尔斯百货引以为傲的服务、质量和定价策略等综合优势开始瓦解。其地位从首屈一指沦落为众多普通零售商中的一个——在这个过程中，其在股票市场已损失了数十亿美元。

另外一个重点不清的例子是美国在线（AOL）。在 20 世纪 90 年代，为了在数字信息行业占据统治地位，美国在线和一些互联网的早期参与者，如 Prodigy 和 CompuServe 展开了竞争。当时距离其和时代华纳的合并还有 7 年的时间。在那之后的 6 年中，美国在线获得了爆发式增长。其联合创始人史蒂夫·凯斯与信息供应商、不断增长的用户都建立了合作关系，大力宣扬"内容社区"的重要性。在 2000 年第一个网络热潮的顶峰，美国在线收购了时代华纳。史蒂夫·凯斯也因此成为一名亿万富翁。

但之后美国在线就开始走向衰败。与时代华纳合并后，美国在线不再矢志成为最好的网络信息供应商。取而代之的是，通过市场合作确立股东价值。美国在线售卖的广告服务套餐让其订阅用户感到烦恼。不管是对消费者还是采购者，其提供的价值都很少，甚至几乎没有。

美国在线技术优势与时代华纳传统内容的协同效应并没有如同希望的那样得以实现，美国在线的关注重点的确变得模糊不清。公司中能干的人来了又走。互联网泡沫开始破裂，美国在线处于虚假收入报告的阴云之下，其股票价格开始戏剧性地下降。史蒂夫·凯斯被迫离开公司，成为愿景模糊的受害者。

为了成功，一个愿景必须符合下列五个标准：

1. 愿景制定前必须清楚公司擅长的领域。

2. 愿景制定前必须清楚公司是如何向客户传达价值的，而这种传达方式又与竞争者有什么不同。

3. 愿景必须能够被评估——人们需要知道公司是否正在实现其愿景的路上。

4. 愿景必须能够被转换成清晰、吸引人的信息，不管是口头上的还是书面上的。如果愿景在交流过程中不方便传达，不能在接受者的头脑中创建一副清晰的图画，这就意味着你可能还需要在愿景上做出更多的努力。

5. 愿景必须是可以被实现的——它可以被转换成为一份行动计划。

成功的愿景必须能够通过这五大考验。谷歌的创始人——拉里·佩奇和谢尔盖·布林在 2004 年首次公开募股的时候，曾出版了一本用户手册。在开头是这样说的："谷歌不是一家常规的公司，我们也不打算成为一家常规公司。"他们制定了这样的愿景："我们坚信能够提供更好的长期服务。我们会以任何方式，做出对整个世界有益的事，即便这意味我们放弃了一些短期利益。"[2]

第三步：交流愿景

在确定愿景之后，你需要在整个组织内对其进行传播，并以此对每个业务部分进行调整。一个有力的愿景不可避免地要建立在对未来的某些假设之上。领导者的工作就是对这些假设进行解释，阐明其实现之后的好处，使其与懒散无为的后果形成对比。

在对愿景进行交流的过程中，你必须注意下列 5 个关键问题：

1. 公司领导者做出郑重承诺，将参与到实现愿景的过程中。

2. 对于变革，没有人能置身事外，每个都必须为愿景的实现而努力。

3. 好处很大。

4. 风险共担。

5. 制订计划，照章进行。

避免一次制订太多的计划。这有助于明确工作重点，节省人们的精力。有一位 CEO 为他的公司制定了 14 个目标。当被问及为什么这么做时，这位 CEO 称："我需要确保公司中的每个人都有一个目标，以引导他们将要做的事情。"这就是我们说的重点模糊不清。明确工作重点是为了确立优先项，而不是为了识别出每个人最喜爱的项目。

第四步：建立计分卡

一个强有力的愿景需要有明确的目标和时间计划表。比如，如果愿景是进入一个新市场，那么计划就应该是在当地建立一个办事处，或者在当地市场引入一件能够带来销量的产品。如果你的愿景是让公司的业务在垂直方向实现更好的融合，那么计划应该是收购一些行业中的中下游企业。重要的是让愿景成为公司资源使用计划的试金石。当每个管理人员都在依据愿景设定他或她的业务目标或者预算时，这就意味着你已经成功地确定了重点。

为了实现愿景，需要量化措施和目标。人们需要一张计分卡。只有知晓了组织对于业绩如何评判，人们才会真正地信任组织。以我的经验来看，只要有明晰的测量标准，人们就会像围绕在磁铁周围的铁粒一样，调整自己。这就是为什么计分卡在明确工作重点中占有如此重要位置的原因。

计分卡需要满足三个不同的维度的要求：

• 测量的东西是什么（度量）

• 你想要什么（目标）

• 现阶段的表现（基线）

当测量成功时，需要区分输入、活动、输出和结果。结果意味着你创造的实际价值，比如满足客户需求或者财务收益，它们是提高业绩的关键。下面展示的就是"绩效阶梯"：

绩效阶梯

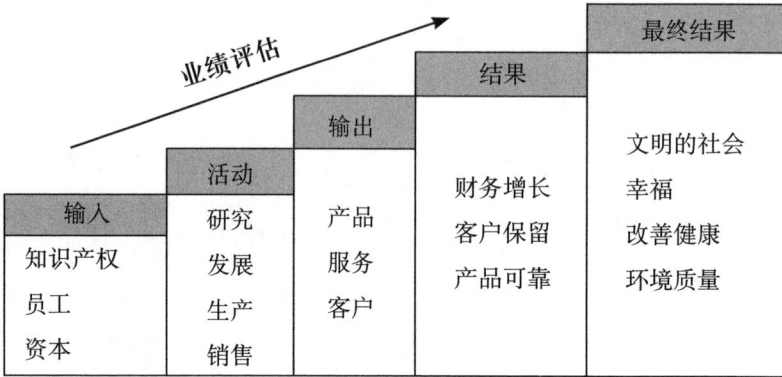

输入	活动	输出	结果	最终结果
知识产权 员工 资本	研究 发展 生产 销售	产品 服务 客户	财务增长 客户保留 产品可靠	文明的社会 幸福 改善健康 环境质量

业绩评估 →

我发现有太多企业的领导者身处杂乱之中，他们只是监管每个销售员打出的销售电话数量或者生产单位的数量，而不是去满足顾客需求，留住关键客户或者关心公司盈利能力。这不光会使整体的评估标准产生倾斜，而且还会在每项标准之间产生冲突。所以在你将计分卡收集在一起的时候，确保你正在关注的是正确的事情。

接下来我们还将展示一位领导者如何将其愿景转变为一张计分卡。

做得好的话，你的业绩计分卡将会加快企业的变革步伐，让每个人的注意力集中到提升组织的业绩上。我们将会在第五章再论述这一点。

建立一张业绩计分卡

目标	业绩指标	12 个月内的业绩目标
进入新市场	新市场内顾客的数量	来自新市场的顾客数量占总体的 5%
	来自新市场的利润	新市场的毛利率比传统市场高出 10%

最终决策权

到目前为止，我们已经对有关 CEO 和执行团队确立目标的情况进行了探讨。但是在许多公司和组织中，只有董事会才拥有最终决策权。如果公司的问题是缺乏重点，如何让董事会参与到重点明晰化的过程之中呢？

不管是在私营还是国有企业中，CEO 通常是董事会的成员并且在董事会决策过程中有巨大的影响力。因此，董事会的决策过程就跟我之前叙述的比较相似。但是在公共部门中，主要的行政负责人通常不是董事会的成员。相反，会是有一个独立任命或者选举产生的管理机构负责愿景的设立。在这些领域，我们推荐给董事会的方式是，通过书面形式对其战略政策进行交流。所有公共部门的管理机构都应该将他们做的事情，以及他们希望整个组织达到的结果都写下来。这些管理政策应该成为一个清晰、一致的整体框架。

我们曾和许多董事会共同起草管理框架和政策。一旦这些政策就位之后，董事会的表现就会进入更高的层次。董事会自身变得更加负责，员工也会更加负责。这样就避免了员工决策时被干预，从而在贯彻组织的战略目标时更具信心。有了计分卡和常规监测计划，董事会就可以对这个组织的表现进行综合的监管。整个组织短时间内就可以从表现不佳转变为业绩高效。

利基愿景

在我的办公室中，有一幅漫画说明了战略重点的基本原则。这幅漫画上有一张很大的渔网。渔网的一端有一条非常巨大的鱼，渔网的另一端是一群小鱼。下面的说明文字是："这些鱼如何从渔网中逃脱呢？要么变得足够大冲破渔网，要么保持小的身形从网眼中游出去。"我们从中学到了什么？做一条体型中等的鱼是很危险的。

《利基致富》（*Niche and Grow Rich*）[3]是一本阐述电子商务如何促进小型利基行业爆发的书。作者描述了一个人是如何通过网络售卖独轮车而成就事业的，还谈论了在网上大量存在的珠宝商。不管你感兴趣的是花园的小路，还是乘船游遍法国，总会有一家（或者几家）利基公司能够给你提供服务。

一家拥有明确工作重点的利基公司享有以下几方面的战略优势：

1. 创始规模较小，但是在保持较小规模的同时仍然能保证有吸引力的利润率。

2. 因为其规模，它能够迅速适应市场变化，能提供最具前沿性的服务和产品，而这一点是规模较大公司力所不能及的。

3. 对投资者（那些想整合多个利基公司的人）来说，这是一个"整合收购"的好机会，能为公司的创始人或拥有者提供客观的财务回报。

但是利基公司也存在消极的一面。个性冲突可能会在小公司内肆虐，缺乏定义的事业过程会使新人难以找到方向。缺乏客观的营销数据会使他们难以体会到消费者口味的转变。我也因为这个事实而备受困扰：如果你所做的一切就是卖独轮车，那么你最好爱骑独轮车。

结论

建立一个高效的组织有四个关键方向：战略重点、领导力发展、流程改造和绩效评估。在这章中，我们已经关注了明确战略重点和绩效评估。在下一章中，我们会探讨如何找到合适的人并进一步塑造领导力。但是记住，所有的一切都必须以这两步为先：将人们聚集到核心价值观周围并明确工作重点。没有这些步骤，你不会了解到你需要的是哪种领导能力，又能如何有效地评估业绩。

本章以路易斯·郭士纳的故事作为开头。6个月中，郭士纳不断拜访客户，使IBM的工作重点得到了明确。他几乎每周都在路上，倾听客户想说的话。他的工作热情转变为IBM 4个维度上的具体目标，而且每一个目标都能够被量化。当了解到IBM当时拥有14万名员工的时候，你就该知道为这么一个庞大的组织制定清晰的目标是多么困难的一件事了。但是郭士纳却成功了。

第三章

正确领导：

为合适的员工赋能

在 2000 年初，加州开始放松对能源的管制，这在整个美国都引发了震荡，那不同的公共事业单位是如何对此做出回应的呢？

　　萨克拉门托市政事业部（Sacramento Municipal Utility District）的董事会和管理团队看到了即将到来的变化，开始集中力量订立长期的能源购买合同。结果，萨克拉门托市政事业部保持了电费的稳定，并建立了一系列廉价、清洁的发电设施。相反，太平洋燃气电力公司（PG&E）卖掉了它的发电设备。为了保持利润，该公司订立的合同均为短期。这些决定让太平洋燃气电力公司在能源价格上涨时陷入困境。太平洋燃气电力公司开始大量赔钱，并在 2001 年申请破产。萨克拉门托市政事业部则让电费保持在低于太平洋燃气电力公司 25% 的水平，在其他重要指标上，其表现也好于对方。

　　有人可能会说，这些不同的结果是由外部的压力造成的。不过，萨克拉门托市政事业部拥有一个动态管理团队。人们能够对各种难题进行讨论。其领导们更关注客户的长期需求。而太平洋燃气电力公司的管理团队，则不具备长远的发展眼光，只是尽心尽力地维持已有的现状。很不幸，世界已经变了——不能识别变化的代价就是损失了用户的几十亿美元。

> **法则 3：带领他人**
>
> 想要理解伟大公司和普通公司的区别，看一下它的职员们就可以了。他们知道自己的角色吗？他们是否扮演了正确的角色？他们是否理解公司想要达到的结果？他们了解决策者吗？他们是否与他人合作，共同铸就信任？

高效组织的产生并不是偶然的。萨克拉门托市政事业部的故事说明了，雇佣人才时要给予其清晰的目标，让其在工作中适度发挥自己的价值。萨克拉门托市政事业部花重金聘用了有能力的管理者和雇员，因此能够将官僚主义作风缩至最小，建立起一种以参与、信任和创新为特点的文化。从长远来看，这种文化为其节约了数百万美元。

本章内容将关注领导他人的价值。你会学到雇佣有效的人，将他们放在合适的位置，并赋予其领导权力，你就可以建立起信任系统。

三种领导风格

...在这些年中，我归纳出了三种领导风格。三种风格之中，只有一种真实地反映了引领他人的方法。

第一种风格是"有一千个帮手的天才"（Genius with a Thousand Helpers），这种"自我"类型的领导者要对每件事都拥有决定权，当他的权威受到挑战时，防备心就变得很重。结果就是会产生类似于军队的组织结构。这种类型的领导者在如何吸引人才方面很拿手，但是他们很少授权给别人，所以人才最终也会离开。

"有一千个帮手的天才"宣扬这样一种理念：领导者就是"天才"，是所有人中最聪明的一个。这样做，是因为他们利用了一个著名的现象"基本归因错误"（fundamental attribution error）。这会导致在决策过程中过度强调领导者的重要性。当领导者不在决策现场时，一切都会陷入停滞。像唐纳德·特朗普这样的人就是在"基本归因错误"中建立了事业。

　　"冷漠的管理者"（Aloof Executive）则恰恰与"拥有一千个帮手的天才"相反。"冷漠的管理者"并不会对组织施加足够的控制，因此员工们会偏离自己的方向，对他们的角色和责任产生疑惑。所有人都只顾自己的事情，做出的决定也都很糟糕。最后，"冷漠的管理者"会惊讶地发现，事情的发展已经严重脱离了掌控。对此，他们也不会改变自己的行为，而是简单地将违反规则的人解雇，雇佣新人，然后重蹈覆辙。

　　最后一种领导风格是"平衡的领导者"（Balanced Leader）。平衡的领导者就像爵士乐团的指挥，只会对引起关键变化的节奏和舞蹈进行设计，其余的则让音乐家们即兴创作。"平衡的领导者"将他人看成智慧的中心，他人的想法和贡献是组织兴盛的必备条件。"平衡的领导者"会为自己周围的人提供支持，使他们能够实行一些重要的新措施。这可以创造一种每个人都能发挥自己领导能力的团队环境。

　　在争论出现时，"平衡的领导者"宣称将会加强对组织的控制，但只是暂时的。在"警报解除"之后，"平衡的领导者"会迅速地再次引导他人。毫无疑问，这种平衡的方法需要时间和实践来完善：什么时候施加控制，什么时候放下。正如迪兹·吉莱斯皮（Dizzy Gillespie）所说："我用尽一生去学习什么单音不可以演奏。"[1]

有效代表

引领他人意味着你必须成为一个代表。但绝大多数人不知道如何做。实际上，他们是不知道自己对于代表还有哪些方面未充分了解；他们能够进行笼统的表述，能对做好某事提出要求，但不能明确地描述出决策权的范围；他们缺乏词汇和框架来实现清晰的表达。结果就是，我看到许多公司始终都在苦苦挣扎。

在下一章中，我们会深入探讨决策过程，区分不同级别授权的重要性。但我们需要对一个重要工具进行快速预览。

第一级别（"A"）意味着我已经授权你主动找到完成任务的方法。你的工作是召集合适的人，制定出可供选择的方案，选出最佳方案，并为我的审查和批准提供推荐。一旦我批准某个方案，你就负责实施它。

第二级别（"B"）在责任方面与"A"相同，但附加了在推荐和付诸实施的决策权。我唯一的要求就是你需要在事后通知我，这样我就能知道事情的发生过程。

第三级别（"C"）和"B"一样有相同的责任，但是不再需要你把自己的决定通知我。

作为最好的领导者，那些想领导他人的人，会使用这个框架对决策过程做出要求。授权的级别取决于很多因素，但是最终它可以简化为决定的重要性和你对这个人决策能力的信任程度。

我们的咨询团队已经和数十位客户合作过，提升了他们授权的清晰度。通过对授权的明确界定，团队中的交流、责任和业绩状况都得到了改善。其中的一个例子是，一家大型国家机关的决策机制从高度集中转为了分散式，其在交付程序上的效率也得到了提高。

只要管理者能够明白授权的不同级别，能够授权下级去领导，项目的周转时间会得到大幅改变，财务业绩也能得以迅速攀升。人才的急剧流失状况也会得到抑制，创造出更强大的领导力。

高效能团队的五个习惯

好领导和马马虎虎的领导之间的区别就是：前者能够建立高效能团队。西南航空的"10分钟转乘"（ten-minute turn）说明了当你建立了高效能团队并让团队成员不受限制时，会发生什么。最初，在30分钟内给飞机安排另外一场班次被认为是不可能的。今天，西南航空的每一架飞机，从加油、补充供给到更换轮胎、准备起飞，一切都可以在10分钟内完成。最初，西南航空这样做的原因是不得已而为之，因为它只有三架飞机，却有四条航线。西南航空至今仍然这样做是因为自己有能力提供这样的服务，这样做的同时也给他们带来了巨大的竞争优势。

以下是帕特里克·兰西奥尼对高效能团队的有效思考方法做出的界定。[2] 我们在工作中就是使用他的模型。在和团队一起工作时，我们严格要求自己，直到五个习惯都到位。

> **高效能团队的五个习惯**
>
> 1. 关注结果：团队成员会对团队工作进度进行常规监测。他们不会掩盖工作中出现的问题，而是将之公开讨论。
>
> 2. 责任：团队成员为彼此的表现负责。当有人表现不佳时，团队成员会直接、诚实地通知该成员。

> 3. 承诺：每个人都要设立一个目标或一系列目标，并保证完成它。目标必须容易理解，足够具体，能让人按照它采取行动。
>
> 4. 创造性探讨：人们向彼此提出问题，对彼此的假想提出挑战。他们会对某一争论进行持续探讨，直至得出满意的答案。
>
> 5. 信任：团队成员间坦诚相待。应该勇于承认自己的错误、弱点和关心的问题，而不必担心遭到报复。

这五个习惯中缺少任何一个，都会导致信任的破裂，我们必须承认这一点。成功的领导者不会让他们的团队长时间处于信任破裂的状态。他们会花时间进行交流，促进团队信任的产生，提出有待解决的关键问题。对照这张习惯清单，领导者们通过投入时间和精力，让团队再次变得高效起来。

在结束这个话题之前，我补充一点，尽管这听上去有点不合常理，"团队"这个词被过度使用了。一个团队，正如我界定的那样，是因为一个或一系列目标而聚集到一起的人。一个团队必须能够执行自己的任务，并对过程做出明确的评估。团队的成员必须共同努力，完成目标。相对来说，"群体"并不总是包括团队。群体是由一群拥有共同目的，但是目标不同的人组成。比如，一群管理者可能为了分享信息和得到最佳培训而聚集到一起，但并不依赖彼此来实现自己的目标。

明确团队的运营原则

还记得畅销书《我需要知道的一切》（*All I Really Need to Know I Learned in Kindergarten*）吗？[3] 这本书主要讲述了如何在现实中运

用沙箱法则，比如互相尊重、不说伤人的话、分享你的玩具等。这些年来，我认识到了真正伟大组织的定义，那就是这些组织具有指导自身行动的规则。这些"运营原则"能够大大减少团队冲突的发生，帮助人们建立信任，激发创造力。

我们和许多领导者一起工作过，帮助他们确定自己团队的运营原则。下面是一些不同客户的示例：

- 不管好消息还是坏消息，我们彼此间都会相互沟通。
- 我们小心谨慎，不轻易对一个问题做假设。
- 我们关注重大问题，而非细枝末节。
- 我们经常会面，尽管可能只是单纯为了分享信息。
- 我们明确决策过程中团体和个人的角色。
- 我们不断提出挑战性问题，因为我们需要了解彼此的优先事项，以最清晰的方式描绘出每个人的状态。
- 我们不会假定某事就一定是不好的，我们会检查自己的假设。
- 我们说这句话时不必有任何担心，"我会在 24 小时内尽快给您回复"。
- 如果我们之间存在问题，我们首先会进行两个人的讨论。只有当我们自己不能解决这个问题时，才会一起去找老板，由他做出评判。

健康食品超市公司全食（Whole Foods Market）就是一个运营原则发挥效用后成功的例子。其中一条原则就是涉及与供应商的关系："员工们尊重供应商，待之以公平和诚信，期盼供应商也能同样如此。任何冲突都能够调和，双赢的方案也会出现。创建和培养这个利益相关团体对公司的长久成功至关重要。"[4]

在与最大的有机食品供应商发生冲突时，全食超市使用这个原则确保了成功。全食超市并没有强加一个方案，而是进行了数千个小时的沟通和调解。最终，双方达成了一份彼此都满意的新协议。

和一家加州软件公司的管理层合作时，我们总结出了四条非常简单的运营原则：

原则1：按时、按预算完成任务，不接受借口。

原则2：信息是用来分享的，不是用来囤积的。

原则3：坏消息要马上将其扩散出去。

原则4：冲突只能通过交流解决，而不应该相互推诿。

运营原则可以有多种形式，它们可以很短、很简单，也可以很长、很详尽。重要的是你要肯花时间去对团队的运营规则进行研究界定。不确定规则，你就没办法玩棒球或者足球；在办公室里，也同样如此。

你的团队需要正确的人

当被问及烹饪的秘诀时，著名的厨师爱丽丝·沃特斯是这样说的："正确的配料是一切的开端。"令人惊讶的是，领导者和管理者总是忽略这个简单的事实。一个坏员工会破坏整个团队。

我们的一位客户是一家金融服务公司，找到我们的目的就是帮助其提高公司业绩。在和他们的管理层会面后，我震惊地发现，一位负责债券交易的高管约翰竟将部门的表现不佳归咎于他人。在被要求承担责任时，他痛心地说道："如果有更多的人手，我们就能达到目标。"他完全忘记了自己在设定目标时的角色。

我跟 CEO 谈了团队中拥有合适人选的重要性。他却为约翰辩护，称其一直是位忠诚的、值得信任的朋友。我说："你说的这些是对的，但是在一个小的团队中，一个人如果不能带着别人提升，就会带着别人落后。尽管他忠心耿耿，但约翰影响了他人的正常表现。而且是你造成了这种局面，因为你没有让他履行自己的责任。"

在讲清了这些想法之后，这位 CEO 听取了我的意见，几个月后就对管理团队做出了调整，任命了两名新的高级主管，减少了约翰所负责的事务。又过了六个月，我们在一起喝咖啡时，他告诉我："你的话是我听过最明智的：一个人如果不能提升整个团队，便会拖累整个团队。但我一直对此视而不见，这简直是太不可思议了。"

如何雇佣正确的人

那么如何避免领导"盲区"呢？如何才能保证自己没有把个人忠诚和专业能力混为一谈？如何为你的团队找到正确的人？又如何将他们放在合适的位置上？

要解决这些问题，一个有效工具就是"基于行为的面试"（behavior-based interviewing）。一个人过去的表现是其未来成就的最佳预测。测试的第一步是确认具体工作中对成功最重要的是什么。你可能想要管理一个业务广泛的团队，扭转业务颓势，开始一条新的产品线，建立一个销售团队。你想要达到的这些目标，会成为你挑选员工的试金石：首先建立一个详细的工作计划，然后再面试你的候选人。在面试的过程中，询问一些相关经验的具体例子："告诉我一个你成功建立销售团队的例子"，"告诉我一个你成功扭转失败生意的例子"。如果候选者能够分享相关经历，那就太棒了。

如果不能，那你也学到了两件事：（1）他没有相业务关经验；（2）他不善于应对面试场面。

传统的面试 VS 基于行为的面试

传统的面试	基于行为的面试
讲述你的销售经验。	这个职位需要每天打5个销售电话，出差范围在明尼阿波利斯到亚特兰大之间。告诉我你曾经管理这类销售物流的经验。
你有没有管理过大型账户的经验？	这个职位要管理组织内3到4个大型联系人的账户，这些联系人都对交易的完成与否拥有决定权。告诉我你这方面的销售经验。你如何让他们同意这些交易？
讲述你取得过的最大成功。	这个职位要求和内部研发团队合作，帮助他们对我们的产品进行改良，每12个月推出一批新产品。描述一下你在管理内部研发团队，促成产品升级方面的成功经验。
是什么在激励着你？	我们希望员工能够自我激励。描述一下你想要获得成功的动机，以及你为客户和公司取得较大收益的例子。
你如何处理矛盾冲突？	告诉我们你是如何处理看起来很糟糕的问题的？你做了什么？说了什么？结果如何？

基于行为的面试所带来的必然结果就是开放式的招聘：当一个职位是开放的时候，即使职位空缺暂时不能得到填补，你也应该一直搜寻，直到找到合适的人。找到合适的人这件事实在太重要了，

绝对不能退而求其次。

寻找合适的人意味着你应该始终保持对才能的敏感度。毕竟，人才不像四处奔波、到处寻找工作的人那样普遍。因此，想建立一个伟大的公司，你不得不采取一些非常规手段才能招到合适的人才。优秀的领导者通常花费 25% 的时间在招聘和培养人才上。雇佣谁，提拔谁，奖励谁，这些标准必须明确而且要严格执行。

你所在的公司是大是小并不重要，雇佣非优秀人才的代价都会更大。首先，为了确保新人能够受到合适的培训，企业一定会有费用的支出。这笔费用是在任何情况都不能免除的。但是满足于非优秀人才会让你不得不花更多的时间来训练新人，只有这样才能确保他们不会犯错。之后，你还必须花更多的时间，对他们进行监督指导。甚至你可能不得不多次暂停他们的工作，对业务流程做出修改，以确保这些人的工作每天都有人检查。为了填补职位空缺而使用不合适的员工，会为公司增添复杂和拖沓的工作量。

除此之外，还有更高的隐藏成本。公司中已有的人才会开始对这些新人不满。他们不得不处理新人们的失误，让自己经历同样的拖沓。这首先会让他们感到不适，之后就开始烦躁。公司的士气会因此受到影响。最终，公司中真正能干的人会选择离开，公司中曾建立起的信任会遭到严重的侵蚀，这一切都是因为你没有找到合适的人。

让合适的人做合适的职位

鲍勃·马修斯是 Cable Data——世界上最大的收账公司之一的创始人。在如何让人找到正确的角色方面，他可谓走在了当时时代的前沿。在辨别人们所擅长的领域方面，他眼光的准确程度总是让人感到不可思议。他不担心将人们放在不熟悉的工作岗位，认为这样反而能挖掘他们的潜能。鲍勃也经常对员工的职位进行变更，看他们到底最合适干什么。

"许多人并没有得到恰当的训练，以发挥他们本身的能力，"他说，"相对于简历，我更关心他们本身的能力。"他不拘一格，雇用了许多来自不同领域的成功人士（瑜伽教练、珠宝设计师、软件销售员），而且把他们都安排到了合适的领导位置上。

鲍勃知道一个人只有在学习时才能充分发挥能力，而不是每天例行公事般工作。所以，每隔三年左右，他就会让员工更换职位。"我觉得重新让人们在工作中感到不适很重要，"他说，"我想不断挑战他们，让他们去学习，将自己最好的想法付诸实践。"为鲍勃工作的人的成功就是这种愿景最好的证明。他们中的一些人后来都进入到《财富》500强公司的领导岗位。

将人们放入合适的位置需要勇气。我们一位客户是一家保健公司的CEO，他提拔了一位中层管理者担任COO，而在这名中层管理者之上有三名高级管理者有资格担任这一职位。这位30多岁的女COO，通过提出一个问题缓解了众人的担忧："有一件事能够让我们的事业更成功，你的生活更轻松，这件事是什么？"通过调查，她确立了三个优先项，也就是COO在第一年要集中解决的问题。通过提前自我检查和协作完成工作，她带领公司走到了更高的位置，并且在这个过程中建立了信任。

珍惜他人的时间

在加州公共政策学会的办公室里面，曾经有过一个巨大的木制沙漏。每当有人在全体成员参加的周会上演讲时，这个沙漏就会被翻转过来。为什么呢？因为学会的负责人曾经承诺过："来这些会议学习吧，不会占用你超过一小时的时间。"这个沙漏就是他遵守诺言的证明。

有一位大型银行的CEO邀请我参加管理团队的周会。这个会议没有确定的事项安排。参加会议的14位高管，每一位都要在会议上讲述一个新事项。会议的主题从一个跳到另外一个。会议开始30分钟之后，我的注意力开始下降；一个小时后，我开始怀疑这个会议会不会完；两个小时后，这次会议终于休会了。

我问这家公司的CEO，他是否计算过这些会议的代价。他快速地算了一下，随后脸上显现出一片惊愕之色："几乎等于每小时1.5万美元。"我向他指出，如果他缩减会议时间，就相当于每年节省了100多万美元。他照做了，他的团队也因此心怀感激。

许多公司都被过多的会议所折磨。这些公司想出的解决办法就是减少开会的次数。其实，这么做并不明智。在一个创新和变革不断加快的世界中，你应该通过更多的交流来领导他人。解决问题的关键是让会议以一种快速直接的方式进行。我曾经设计过一个管理团队的每日例会。每天早上8：00开始，8：30结束。30分钟内足够处理很多的事情。会议日程可以确定关键话题以及需要进行的决策。相关信息要在会议前分发给相关人员，减少额外事项的出现。员工可以通过电子邮件对行动步骤进行总结。

高效会议的三大法则

高效会议的关键不是你在会议当中做的事情，而是你在会议前后所做的事情。下面是高效会议三大法则：

1. 确立会议议程。开会之前，确定会议主题范围，需要做出哪些决议，以及实施决议所需的时间。提前将议程和相关的背景材料发给与会人员。

在开会期间，记住下列准则："保证正在进行的对话都是我们确实需要的。"有人跑题时，站出来重申会议主题，没有人会感到不悦；相反，人们会对你表现出的领导力心怀感激。

2. 确认会议结果。在进入下一项之前，确定会议已经达到你想要的结果。如果某个行动步骤已经被确认了，确保所有的人都能理解。说明接下来的行动步骤。选出负责传播会议结果的人。确定每个人都清楚自己在决策中的角色（更多的内容将在第五章探讨）。

3. 保留会议记录。在后续过程中，你要用邮件提醒别人已经做出的决定。这就会方便后面的核查工作，确保已经采取了应有的行动。对这个过程进行监测是很有价值的。这样你就不必浪费人们的时间来记住你在上次会议的决策。

在 20 世纪 30、40 年代间，阿尔费雷德·斯隆（Alfred Sloan）担任通用汽车的总裁和 CEO，当时公司内有一条铁律：每次会议后，他会口述一份清晰的备忘录，总结会议成果和每个人需要负责的事项。这些备忘录成为通用汽车整个管理系统的中枢。斯隆用这些备忘录来确保员工们都在按计划工作。他开发了一个详细的系统来管理这些备忘录，这样每个项目都可以相互参照，进度也能被追踪到。

斯隆和他的高管们用这些备忘录建立了问责制，并使之在企业内部得以贯彻实行。它们是通用汽车持续 20 年成功的关键。

有效的会议管理更像是一种原则，是一种思考价值的方法。"我如何优化会议时间？我们下次可以在哪些方面做出提升改变？"[5] 公司的确需要开更多的会，不过每次会议的时间都不能太长。

帮助他人定位自己

想象一下你正在飞机上，这架飞机上采用的是像西南航空一样的开放式座位。你在过道旁边找到了一个座位，舷窗旁边和中间位置的座位还没有人坐。这时人们都在沿着过道寻找座位，你会怎么做呢？

如果你不为他人考虑，你就会继续坐着，戴上耳机，埋头看书。或许还会在旁边的座位上放上一张报纸。当有人想要坐在你旁边时，你会抬起头，蜷起双腿，让他们挪过去。

但是如果你为他人考虑，你就会表现得完全不同。你会迅速地腾出空间，邀请他们坐在你的身边，并和他们进行不失礼貌的交谈。当他们不得不起身拿东西或者上厕所时，你不会表现出不满；相反，你会站起来，让他们能够轻松地走到过道上去。

这种"西南航空式"的测试看起来没什么，但是却能在很大程度上说明你是什么人，以及你是否能够领导他人。许多信息只有在少数时刻传递出来——我是一个能为别人着想的人吗？还是一个主要为自己着想的人？究竟哪种人更有助于信任的建立，这是不言而喻的。

在《跳出自己：责任与自我欺骗》（*Leadership and Self-Deception*）[6]一书中，介绍了有些将自己放在首位的领导者，是如何通过自我欺骗来经营企业的。首先，他们欺骗自己，认为自己可以把员工当作没有生命的物品进行管理。第二，他们觉得员工不会察觉他们的欺骗行为。正是这种傲慢让人们背离这些领导者，能干的人都被赶走了，留下来的只是一些庸才。

作者将管理者分为"盒子中（in the box）的管理者"和"盒子外（out of the box）的管理者"。如果你看不到你的行为对别人的影响，那就是在盒子中。如果你能做到由己及人，设身处地为他人着想，那你就是在盒子外面。当你引领他人时，脑中首先要考虑到他人的成功："他需要什么？我如何做才能最有效地给予他支持？"通常，这些事情只会花费几分钟的时间，比如向你的同事传达重要会议的结果，或者去老板的办公室，问一句："我能问一下你在某件事情上的想法吗？"

每个好的领导者都在"盒子外"。这是建立高效团队的一个关键要素。这种想法的必然结果就是领导通过影响力而非权威来引领他人。通过影响力进行领导的人并不担心会培养出比他们更聪明、更博学的人，也不害怕在辩论中失败（自己的意见没有被采纳）或者承认错误。领导者如果不能真正享受自己属下所带来的成功，那么他永远不能成为一个伟大的领导者。但仍然有许多即将成为领导的人（都被这块石头绊倒）没有意识到这一点。他们在用各种明显或不明显的方式贬低别人。这样做能让一个人居高临下——起码暂时如此，但这不是领导力。

通过影响力领导并不意味着放弃你的地位或者权威，而是要关注有效的交流，并非赤裸裸的权谋。这需要你在为自己说明情由的同时也能细心倾听他人的意见，这需要的不光是开放的办公环境，还有开放的思想环境。领导者的骄傲不是问题，问题是结果能否让人感到骄傲。

在洛杉矶，我和一群来自一家全国性大型连锁店的管理者们坐在一起，我对他们的 CEO 茉莉亚印象深刻。我向每个管理者询问他们各自在公司中的角色，管理团队对于公司安全感的关注则让我印象深刻，正因如此，他们可以为公司提供替代方案和目标。茉莉亚仔细听了我的讲解后，对听到的内容进行了总结："我想我们说的是，我们都想给顾客带来欢乐。这是唯一一个重要的目标。我们谈论的其他一切战略都是为了达到这个目标而制定的。而你们其中的一些人好像认为我没有足够重视这一点。"

听到这些话后，人们的脸上明显露出宽慰的表情。显然，高管们曾经一度很担心这个问题。看到茉莉亚能够倾听并总结出管理团队的目标，听到她对于顾客服务重要性的承诺后，他们便能朝一个共同的方向努力。

帮助员工释放工作压力

在一些公司中，持续工作压力可能会耗干人们的精力。成功的领导者能够帮助人们以学习信任的方式来减轻压力。心理学家们将之称为"系统性压力管理"（systemic stress management）。这就是水手为什么要上岸休息，人们为什么要度假，公司为什么要创造社交机会。

在我们的一个客户那里，数百名高薪证券交易经纪人每天管理着股票市场资金的进进出出，每周五下午的聚会是一个释放压力的机会。在英特尔的加州罗斯维尔园区中，人们通过每天午饭时间的排球活动来释放压力。两个沙子场地上每天都站满了人。一项临时的足球赛也在附近进行着。

"长时间保持高度集中的精神状态是非常容易让人疲累的。"来自新西兰奥克兰理工大学的心理学教授格雷戈里·科尔特表示。他认为，解决的方法就是给予人们适当的空闲，让他们有一定的时间从工作中分心出来，这样才能保证他们在工作的时候聚精会神。[7]

如何向上管理
••

在我主持的一次研讨会上，一位年轻的管理人员举手提问道："你讲的这些都很好。但是我该怎样将这些想法运用到对我老板的管理中？我该怎样带领他到我认为我们需要去的地方？"

当听到他提出的问题后，我的脸禁不住抽搐了一下。我告诉他，要想和老板建立信任，首先要用老板的眼光来看待问题。"你应该问你的老板，他正在处理什么问题，"我说，"找到你能够提供帮助的方式。让他相信你是解决方案的一部分，而不是问题的一部分。之后，设立明确期望，老板希望从你这里得到什么，你又希望从他那里得到什么。"

在《管理你的老板》（*Managing Your Boss*）[8]中，约翰·加巴罗（John Gabarro）和约翰·科特（John Kotter）指出，老板"没有无限时间、百科知识或者超感觉的认知；他们也不是邪恶的敌人。他们有自己要承担的压力和担心，有时可能会与下属的意愿不一致，但通常有充足的理由。"是否能找到这些担忧，以及能否为你的老板提供最佳支持，这都取决于你。

你不能改变老板的个性，只能改变自己的个性，接受这一点很重要。除非你可以向老板提出建议，让他在行为上稍做改变，但前提是你的老板对这种建议持开放的态度，而且你能够证明这种改变可以为整个公司带来好处。正如那个老笑话讲的一样：换一个灯泡需要多少心理学家？只需要一个，但前提是灯泡真的想被换。

跳跃管理

让我们谈论一下"跳跃管理"（skip management）。它是指，跳过一层管理人员，和更高一层或者更低一层的管理人员进行对话。跳跃管理很容易被滥用，而且会在匆忙间对信任造成破坏。但同时，如果你要引领他人，你又需要和每个人都保持沟通。

所以围绕跳跃管理的规则是什么呢？首先，你应该及时通知被跳过的管理者，告诉他你所说的内容以及你这样做的原因。第二，如果讨论是无意间发生的（而且你跳过了那层管理者），你必须立即通知被跳过的管理者。第三，如果你跳过了某层管理者，并做出了某些请求，被跳过的管理者有权对其进行审查，并在权限之内做出恰当的决定。

在一个高度复杂的组织中，会出现不同级别权力交错的情况，这种错误已经很常见了。优秀的领导者会理解偶尔的跳跃管理是必需的。同时，他们也会向组织成员说明保持沟通和建立信任的重要性。

矩阵管理

矩阵管理（matrix management）在作用上跟跳跃管理比较相像。虽然很复杂，但矩阵管理对于在产品、功能和区域责任上都存在交叉的公司还是很有必要的。在这种高度复杂的环境中，权力交错，人们不得不谨慎面对会导致冲突矛盾的各种可能性。优秀的领导者会将交流放在第一位。他们将矩阵管理看作是工作中的助手，而非试图规避的麻烦。

比如，一家大型国际银行的总裁每周定期会给公司的 3000 名高管发送邮件，让他们知道银行在全球范围内所做出的重要决定。她明确地表示出了自己的期待，即高管们能以统一的组织形式运作，预见潜在的矛盾，并对其予以适当的关注。关于对银行经营方向的疑问，她每周通常会做出 250 次回复。她开放的交流政策，有助于信任的建立，同时还给予了员工直接和地区领导交流的自由。

绩效发展

优秀的领导者从正确的角度展开领导工作，他们会给予员工取得成功的钥匙，也就是给予员工学习自己哪里做得好，哪里还有待提升的机会。为员工提供基础支持，让他们对自己的专业发展负责。

优秀的领导者知道绩效发展的周期。当一个人开始工作时，这个周期就开始了，只要员工仍留在这个组织内，周期就会继续下去。这个生命周期有下列步骤：

第一，优秀的领导者会采取清晰的交流策略，直接对员工说出他们的期望。期望是分为不同等级的，包括对公司的期望[9]、对领导者的期望、对员工的期望。优秀的领导者会亲自持续不断地传达这种期望。

第二，优秀的领导者可以保持及时沟通，并对员工的优势与不足做出反馈。你不能等到正式评估的时候才提供这种反馈，而是要在工作过程中及时反馈。根据员工的表现和任务的性质，可以对员工的责任和期盼做出适当的调整。优秀的领导者需要将这一点清晰地传达出去，平衡赞赏性反馈和建设性反馈的比例。

第三，领导者应该让员工定期完成一份自我评估，并对其进行回应，对相关内容进行确认，发现员工的优势与不足。在此基础上，员工要建立一份个人发展计划（IDP），确立自己事业上的短期发展目标和长期发展目标。

重要的是强调这是一种积极体验。自 CEO 以下的每个领导者，都需要一份个人发展计划，要不断地促进个人发展，没有人能够停止发展。这是一个终生追求，那些积极参与终生职业发展的人，会获得深深的成就感和满足感。

避免共享式领导

共享式领导经常给那些想要尽最大努力引领他人的人带来麻烦。塞拉俱乐部（Sierra Club）曾尝试过建立三名领导者共同负责的"三巨头"制；美国在线、时代华纳曾试图创建一个由两名领导人共同领导的体系。但是这些尝试都失败了，这是由于这些共享安排没有起到应有的作用。在共享式领导中，不管是对于领导者来说，还是对于被领导者来说，他们都需要对责任权限进行明确划分。人们需要知道谁在负责管理，谁在负责决策。聪明的领导者知道"共享式决策"通常代表着放弃责任，而且会导致员工的失望心理，甚至导致信任的破裂。

我们的一位客户是帮助城市青少年接受教育的非营利组织。这家机构很小，只有 25 名雇员。在这个工作环境中，人们都清楚地知道自己的角色和责任。但是这家非营利组织的执行董事朱莉，想知道她的副董事摩根的才能和贡献。因此，朱莉将摩根提拔为"合伙人"，这让摩根误以为她在所有主要决策上都与朱莉有相等的权力。开始时，好像一切都很正常。朱莉和摩根每天早上都会会面，协商做出了许多决定。

但之后，事情开始变得有些不愉快了。在一次关键的人才招聘上，两人产生了分歧。摩根开始单方面对资金募集策略进行决策。朱莉联系我寻求指导："我们花了无数的时间在开会上。"她告诉我，与摩根的矛盾是围绕着某一项营销活动产生的："在这方面，我的经验要比她丰富，但是她仍然对我的每个决定都提出了质疑。"

我问朱莉，两个人的合作模式是怎样变成现在这样的。朱莉告诉我，摩根最初是以咨询师的身份受雇的，以帮助组织确定战略目标。摩根为组织设定了一个很好的方向，并且在初始阶段给组织带来了显著的提升。

于是，我就提出了下面的这些问题："现在你还认为这种合伙关系能够对组织起到有效的帮助吗？它是否帮助你更好地实现了目标？"

"没有。"朱莉回复，"如果的确有什么影响的话，也只是我们的工作效率变低了。"

"那为什么还保持这种合作关系呢？"

"我不想让摩根失望，我害怕如果我改变她的职位，她会选择离开。"

"客观地想一想，哪一种做法会对组织更有利？是重新确立她的角色还是让她离开？"

"我想，从这个角度出发的话，我们最好重新委任她的一个职位。"朱莉说。

我告诉朱莉："我觉得你已经回答了自己的问题。在我看来，组织只需要一个人来领导。员工们需要知道，只有一个人在负责组织的管理。"

朱莉接受了这个逻辑并开始重新工作。她确立了新的责任分工，明确表示她是主要负责人，而摩根只负责市场营销。一周后，我进行了回访，询问情况如何。"摩根最初有些抵触，但是我已经做出了决定，她也不得不遵从。其他职员现在很高兴，知道向谁报告了。"

培训与指导

作为员工发展的一部分，优秀的领导者会提供培训和指导。尽管这两个词语经常互相代替使用，但是两者之间仍然有明显的不同：指导者通常来自组织内部，培训师则是从外部聘用的专业人士。培训的主要目标是提高绩效，培训工作侧重在一到两个领域内确立优势，比如沟通、决策和关系建立。通常其关注焦点不是技术性问题，而是管理技巧。

我们公司的主要业务之一就是培训。这个过程通常是以选取适合"受训者"的培训师为开端。下一步就是进行全方位的评估，收集老板、同事、下属提供的信息。提取这些反馈中的精华，以便于培训师和受训者用来制订个人发展计划。在将个人发展计划提交给老板之后，受训者和培训师需要一起努力，制定出具体的策略方法和所需要采取的步骤。比如，一位管理者需要知道如何在决策中更好地彼此协作；或者如何为下属设定更为清晰的目标；又或者如何对表现不佳的人进行有效的管理；如何与同行更好地交流等。每一种情况和每一份个人发展计划都不相同。

在我们的一位客户的公司里，每位管理者都需要接受培训。即使 CEO 本人也有人指导。旧金山一家风投公司的主席非常认同培训的力量，甚至将培训作为是否对某个公司进行投资的标准。"除了培训之外，我不知道还有什么其他更好的方法来保证一名 CEO 表现良好。培训师帮助你设定目标。一旦你确定了目标，就要朝着其努力，培训师会不断提醒你。这是非常有力的反馈。"

指导，从另一方面来说，是为了帮助被指导者学习应该如何处理组织中的事情，如何建立他们成功所需的关系。被指导者在指导者的庇护下，不仅可以拓展组织知识，还可以对在组织中的位置和可能的职业道路进行探讨。指导者能够帮助你了解公司的情况，理解公司的运营并提供建议。指导者是你能够寻求行业或者专业建议和指导的人，会帮助你驾驭风浪、理清对发展具有战略意义的重要关系。

有时候这种关系是非正式的，由指导者或者被指导者发起。在另外的一些情况下，指导是以正式项目进行的。比如，英特尔的指导项目就是为了保证所有新职员能够学习如何在英特尔文化中获得成功而设计的。最初，它只是在一个软件工程师团队中开展，现在已经扩展到了每个园区。洛克希德·马丁公司的指导项目只有两条规则：其中一条是上司不能指导自己下属；还有一条"无过错"

解约条款，指双方中的任何一方，在任何时间，以任何原因都可以中止这种关系。

拥有一个指导者是重要的，成为一个指导者也是重要的，它能够为你的个人和职业发展带来巨大的红利。通过成为某个人信任的指导者，你可以建立起强大的职业和个人联系，也可以为你磨炼自己的思想和精神提供坚实基础。

结论

在南非有一种社区理念叫"Ubuntu"，它强调每个社区成员要互相支持。它承认一个人作为人类的身份地位，给予其无条件的尊重、自尊、价值和认可。但反过来，每个人也有相应的责任，给予社区中的其他所有成员尊重、自尊、价值和认可。

领导他人的关键就是以 Ubuntu 理念作为自己的参照，将他人看作和你拥有同样需求和担心的人。当你领导他人时，把建立一种尊重性沟通模式作为优先项，让合适的人找到合适的位置。要用影响力而非权威引领他人。要确保他们得到的指导和培训能让他们发挥自己的最大能力。你可以通过对会议进行有效的管理，珍惜他人的时间。你可以通过对运营原则的清楚解释，建立成功的团队。最后，你要仔细观察员工动态，让那些表现不符合期望的人出局，给那些做好准备的人一个开始的机会。

西奥多·罗斯福曾说过："最好的领导者有足够的理智挑选优秀的人去执行自己想做的事，有足够的自制力不在执行者做事的时候干涉他们。"当你能做到所有这些事时，你就建立了一个信任系统：相信他人，他人也会相信你。

第四章
管理决策：
　提升决策效率和有效性

加州有一家大型的非营利组织，是保健行业的领头羊，但是这个组织正面临着预算超支的严重问题。不管 CEO 怎样努力，情况都不见好转。该组织的 CEO 苏珊·福特（Susan Ford）向我们求助，要我们对组织的状况进行评估。在多次会面和讨论之后，我们确认问题在于责任与问责之间缺乏一致性。表面上的负责人——项目经理，在解决问题时缺乏明确的责任。有太多的责任被推到了 CEO 那里，延误了回应的时机，这让管理高层不堪重负，造成了更多的延误和更严重的预算短缺。

　　我们建议公司简化其决策流程，说明每个层面决策的管理和实施过程。我们的目标是让管理者更贴近业务前线，做出更多的决策。让项目经理更负责，解决更多的问题，进而让整个组织更灵活，能对客户做出更迅速、更快捷的回应，培养下一代领导人。

　　我们设定的决策非常直接：由包括苏珊在内的五个人组成高级管理团队，团队成员每隔几天进行会面，对公司做出的各种类型的决策进行探讨。我们帮助他们把决策收集起来，分成三类：人力决策、财务决策和项目决策。人力决策包括人员的雇佣、解聘、补偿和晋升；财务决策包括预算、授权费用、合同签订和确保款项回收的费用；项目决策包括方案目标和具体范围（范围变化）的批准、方案和项目成果的确定、对客户担心的回复，以及对绩效的监督。

法则 4：优化管理决策

决策是组织日常的信息活动。为了建立信任，领导者必须建立一套系统，确保整个组织都能够做出正确决策。他们需要教会员工如何对决策进行有效管理，设计一个决策程序。他们需要对艰难决策的传达和制定方式进行重新定义。各项授权必须得到明确，否则官僚主义作风就会渗入组织，使组织陷入瘫痪。最重要的是，人们必须改变决策制定和管理的方向。

很明显，这是个艰巨的任务。我们的工作就是保证这个程序能够正常进行，让团队成功进行每一类决策。在每一种情况下，我首先会问："这个决定是 CEO 来管理和制定的吗？是苏珊掌控全局，与他人协商后做出的决定吗？还是说这是苏珊授权他人来管理和制定的决策？"

正如我们最初通过了三类决策那样，管理团队第一次明白了责任明确的重要性。之前，需要由苏珊本人做出的决策实在是太多了，比如每个应聘者是否能够进入公司都要由她来最终决定。责任明确之后，苏珊了解到哪些决策权力是由她本人掌握的，又有哪些权力需要下放。

接着我们会提出第二个问题：授权意味着什么？苏珊授予了哪些权力？稍后我会在本章详细阐述团队确立的三种授权决策。通过对权力的明确，团队成员也能够辨别出新授权与过去的工作内容相冲突的地方。比如，医务主任的角色就需要重新定义，以保证他不会对某些项目决策造成阻碍。

最后，高管团队有了一份长达三页的工作说明，清晰界定了哪些人负责哪方面的责任。当团队成员看到这些时，他们对我们所做的事情感到惊讶。"我们对工作的思路比之前更清晰了。"COO说。"这太令人兴奋了，当人们看到我们是如何信任苏珊时，他们也会同样地信任我们。"一位高级项目经理说道。

一年后，这次结果更为深远的影响才表现出来。有八名领导者加强了对手下众多项目的领导和管理。预算超支的现象得以遏制，因为超支苗头一出现，就已经被检测到并做出了应对。新的供应商合同也得以签署，因为项目领导人掌握了市场营销的状况。高管团队变得更有战略性和专注性。人们发现通过优化管理决策能够产生更高程度的信任和创造力。

我很惊讶，人们总是使用职位来界定决策角色和责任。不清楚决策权限，职位描述就不会充分。下面的案例研究显示，角色的模糊会导致不必要的冲突和争端。

在一次令人沮丧的会议后，美国一家大型银行的高级副总裁卡莉（Carly）把她的一位高管叫到了旁边。"戴夫（Dave），我们的电话销售人员和直邮人员总是重复拜访客户；我们的产品目录有五种不同的样式，每个目录中所列的条款也不尽相同，这让我们的客户感到很困惑。让我们一起来解决这个问题吧！"

戴夫将卡莉的话理解成他有责任解决这个问题。他是负责小型企业的高级产品经理。他给了卡莉一个很积极的回应："我会解决这个问题的。"

戴夫将相关的产品主管召集到一起开会，制订了相关计划。他帮助他们探讨出了多种产品和市场的渠道方案。他组建了一个团队，对未来五年的每种产品和渠道的表现进行了分析。戴夫要求该团队对市场进行合理的划分，确保银行可以最快获得更高利润。

戴夫的团队很清楚，为小企业业主提供的信贷额度是这次机会中的重要目标。然而银行提供了五种不同产品，每一种都有不同的条款和条件，给客户带来了困惑。"我们应该将产品缩至三种，每种渠道都支持所有的这三种选择，我希望在一周内见到一份实施计划。现在立即开始工作，有什么问题随时给我打电话。"戴夫宣布。

此后的每天，戴夫都会和不同的团队成员对团队的工作进行核查，要求他们出具一份进度报告。令他感到惊讶的是，几乎每天人们都要比计划中的进度晚一步。他召集团队成员又开了一次会，但其中的两名成员却缺席了会议。"到底发生了什么？为什么我们不能按照计划行事？"他问道。

一阵沉默之后，一位产品经理说道："我们不确定你是否有权这样做。难道不需要卡莉的同意吗？毕竟这些是她负责的事情。"

戴夫回答道："卡莉已经授权给我了。当然，我也正在和她协商，但是制订这个计划是我的责任。"当时，卡莉恰好经过，戴夫向卡莉打招呼，并邀请她加入会议。"他们对于小企业市场的管理授权有些问题，你能空出两分钟来澄清一下吗？"

卡莉停下来说道："我只想要你对于解决这些问题的想法。因为两周后我们会在芝加哥举行一次高级管理会议，这个问题是会议的议程之一。在我做出最终决定之前，我需要参考你的意见。"

这些产品经理们你看看我，我看看你，陷入一片尴尬之中。

戴夫看着卡莉，说道："我们必须谈谈，现在休会。"

类似这样的故事正好说明了明晰决策角色和责任的重要性。不用说，戴夫肯定感到很受伤。他和卡莉最终解决了这个问题，但是这个事件对戴夫的名誉产生了不良影响，也清晰地表明这家银行缺乏有效的沟通交流。

在这件事上，卡莉和戴夫本来应该怎样做呢？卡莉在提问时本可以遵照基本原则，提出问题，并对决策角色和责任进行澄清。但是卡莉在选择用语时，却选择了含义模糊不清、会给人造成困惑的"解决"一词，这其实就暗示了授予戴夫采取某种行动的权力。因此，卡莉对此事负有部分责任。卡莉的交代需要澄清，而这是戴夫的任务，戴夫应该做的不是急忙采取行动，而应该是和卡莉一起坐下来谈论这些问题："这到底意味着什么？我在其中扮演什么角色？你是否授予我决策的权力？还是说你只是要我提供建议？"除非他得到了这些问题的答案，否则他不该离开卡莉的办公室。

决策：公司的核心与灵魂

决策是每个公司的基本要素。每次新产品的发布、新服务的推出、每个提高效率和可靠性的步骤，都是数百个决策的结果。成功的领导者观察事物的方式就是决策，而不是通过等级制度、组织架构图或者一系列的命令。为了建立高水平的信任、团队精神和创新意识，成功的管理者会关注决策权力的分配。一旦你分配了决策责任，你就对不同职位的角色进行了界定。

成功的领导者和管理者一直在寻找阐释决策权的机会。这必然经常造成一些内容棘手的谈话发生。首先，这意味着对人们在决策中的具体角色进行明确时，产生的责任有时候会比预想的要少。有一天，一家大型出版公司的管理者请我吃午饭，并对我说："我需要有人帮助我成为一个更好的领导者。你认为我最应该做的事情是什么？"我毫不犹豫地回答道："明确授权。分清哪些决定是你自己想做的，哪些是你想授权给别人的。对于这些讨论，你不能感到害怕。"

我们的研究表明，很少有管理者会重视决策管理。他们不了解如何使用恰当的词汇，例如，分不清"合作"和"共识"的区别。在设计决策程序时，他们也未能按照正确顺序设定目标、收集数据、采集信息、吸引股东参与并集思广益。结果就是，他们不能成为一个成功的领导者。他们不是赋予了别人太多权力，就是没有赋予别人充分的权力，没有在决策中达到参与与效率的最佳平衡。

决策的五种类型

让我们从了解成功决策是一个最重要的工具开始，理解五种不同的决策程序：独断式决策、协商式决策、共识式决策、授权式决策和民主式决策。每一种决策中，领导者扮演的角色都有极大的不同。

独断式决策

这里面最容易就是独断式决策，因为你只需要自己一个人做决定就行了。你早上挑选衬衣、你回复自己的邮件等，在这些决策中，都没有其他人参与进来。独断式决策分为两种类型：

1. 你使用自己手上现有的信息做出决定。

2. 你从另外一个人（或者另外的人群）那里获取信息，再做出自己的决定。

如果回想一遍你一天内做出的所有决定，你就知道生活中独断式决策分布得多么广泛。但是，这些决策也相对琐碎。早饭吃什么，车停在哪儿，桌子怎样整理——这些都是你自己能够独立决定的。

领导者或管理者能够独自进行公司重要决策的情况，我能想到的只有三种：

1. 当决策很简单，决策所需信息都已经具备，领导者只需要对自己做出的决定和这样做的原因做出说明；

2. 他迫于压力，必须迅速做出决定，而且只需对决定涉及的相关人群进行解释；

3. 决策过程中需要保守秘密。

要想让信任和创造力成为团队的运行基础,在涉及重要决定时,领导者应该尽量少使用独断式决策,应该使用另外四种决策方式中的一种。

协商式决策

协商式决策说明你意识到了自己缺乏决策所需的全面信息，想让其他人积极参与到决策过程中。你需要和另外的一个人或者一些人协商，但你也应向对方明确，最终决定权在你，这绝对不是共识式决策（稍后会探讨这一点）。

协商式决策也分两个类型：

1. 你让他们以个人身份参与进来，把问题告诉他们后，获取他们的数据、想法和建议，之后由你来决策。

2. 你让其他人以团队或群体的方式参与进来，把问题告诉他们后，获取他们的数据、想法和建议。换句话说，这是个高度协商的过程，但不是共识式的——从一开始就要清楚，你拥有最终决定权。

在协商式决策中，你该同谁协商呢？有一个基本原则：如果某些人深受决策影响，或者有人拥有相关经历，那么就一定要邀请他或她的加入。这并不是说，你要让所有人、所有咨询专家都参与进来，但是你的确需要网罗更多的人。在你听取了不同的观点、讨论了多种建议后，做出的决定才可能是最好的。

协商过程进展良好的话，由谁做决定也会很明显。你可以这样说："最终决定权是我的，但是我们仍然需要倾听每个人的意见，只有这样才能做出最佳决定。"

其间，有一些话是你要尽量避免的。比如尽量不要说："我们需要在这点上达成一致"或者"我需要你的支持"。这是在共识式决策中才会出现的话。如果不明确这点，团队中的信任和团队精神就会逐步瓦解。人们可能会这样想："是你误导了我，让我误以为自己拥有比实际更重要的角色。"要不惜一切代价避免这个陷阱。

在回答"我在这个决策中的角色是什么"这个问题时，采用协商式决策的领导者应该这样说："你的角色是贡献相关信息和想法。你的观点是很重要的，因为这个决定也会影响到你。最后，因为这个决策是由我负责，所以由我做最终决定。如果我做了错误的决定，我也将承担全部责任。"

共识式决策

共识式决策是一种群体决策。通常，这种决策需要群体中的大多数都支持某种行动方案，没有人表示反对。共识涉及对数据的分享、对选择的集思广益、对相关信息和观点的贯彻传播等漫长过程。它要求决策群体集中精力，共同管理决策过程，如果有人认为这个过程缺乏公平，就要暂停，然后对过程进行检查和修正，这样就不会有人感觉到被遗漏。

这种类型的决策同样分两种类型：

1. 你和另外的一个人分享相关问题，各自得出自己的方案后，互相进行评价，得出一个双方都认同的结果。

2. 将问题分享给一个较大的群体，由他们收集数据，得出选项，评价替代方案，达成一个被普遍认同的结果。

共识式决策在执行过程中需要耗费大量精力。决策群体需要经常会面，倾听各种证据和观点。必须有人推动这个过程，组织会议，让群体集中精力，记录每次会议的结果，对取得的进展进行总结。推动者最好由决策群体中的成员担任，如果有必要，可以请专业人士来担任。对某一项决策，一个团队可能要花几周达成共识，甚至更长的时间。

协商 VS 共识

为了建立高水平的信任，领导者需要让他人也参与到决策过程中来。领导者需要证明，他们愿意倾听、采纳别人的意见，也会对自己的观点进行解释。

但同时，领导者也需要明确，如果决策在他的权限之内，那么这些决策通常需要协商解决，而不是要达成共识。你可以使用"深度协商"，即人们有充足的时间来对自己的提议进行讨论、想象和传播。本质上来说，"深度协商"的过程就是让人们理解现状、讨论选项和提出做法的过程。

但是深度协商不等于共识。合作和团队精神也不等于共识。在高效能团队中，人们知道他们的角色，可以共同协作，分享信息和想法，但并不是团队中每一个人都拥有平等的决策权。只有领导者才拥有最终话语权。

在一些情况中，共识式决策是不可避免的。如果群体中的人代表不同的组织，就需要用共识作为组织的运营原则。负责人要在可能的范围内达成共识，否则就必须使用民主原则来运营。但是，当一名领导者让人们误以为赋予他们更大的作用时，信任就会遭到侵蚀。在某个时候，虚假的共识最终会显示出本来的面目。一旦信任遭到破坏，就很难再修复了。

因为相较于其他决策类型，共识式决策要花费更多的时间和精力。但仍有两个特定的场合，能够让共识式决策得以应用：第一，风险很高时，做出决策和承担结果的责任需要分担；第二，一群人为了达成协议而共同努力，没有人拥有最终决定权。

管理者经常使用共识式决策的方法对原本应该协商决定的问题进行决策，这种做法会损害组织中的信任。员工希望领导者承担责任，如果有人拥有决策权，就没有人想达成共识。但这的确是在世界各地的组织中正在发生的事情。我清楚地记得，纽约一家银行的信息技术主管曾试图让 200 名雇员达成共识。起因在于，银行在郊区选择了一个新的后台办公室，她想让员工讨论到底是搬到长岛还是新泽西。然而，主管的老板已经做出了选择，员工们很清楚，主管对此已经不能改变什么了。这个虚假的共识达成过程很快变得丑陋起来。结果就是，有人开始反抗她的领导。

这件事的教训很明确：人们尊重那些负责协商决策的领导。但你必须从开始就清楚，决定是如何做出的。在决策管理中，你越明白，就越能胜任领导这一角色。

授权式决策

授权式决策也分为两个类型：

1. 你确定另外一个人有进行决策的判断力，所以你授权给他，也就意味着你承认你将会接受和支持他做出的决定，这就是一个授权协商决策。

2. 你确定另外一个团队或者群体有进行决策的判断力，所以你授权给这个团体，接受和支持这个团体做出的决定。这就是一个授权共识决策。（你会被征询意见，但是你的意见可能不会占优势。）

绝大多数管理者认为他们知道授权的含义，但是我们还是需要弄明白一点：我们授权别人进行某项决策时，我们就给了这个人（或者这个团队）做决定的权力。我们手中不能再握有底牌，否则这就是个虚假的授权。如果你对某项决定进行了授权，就说明你信任那个做决定的人，而且你会在绝大多数情况下支持他（见下文）。

事情并不是仅此而已，授权决定也是协商性的。换句话说，当你授权给另外的人去做决定时，你希望这个人能够在他们做出最终决定之前跟那些受决定影响的人进行协商，包括你。这是授权的基本准则，需要反复重申：在授权过程中，你仍然要与那些被授权的人进行协商。

当对某个决定做出授权之后，一个成功的管理者会支持这项决定，而不是推翻它。即便授权的结果是选择了一个不是你最喜欢的决定，你仍然要支持他的决定。这样做可以建立信任，否则这就是一个虚假的授权。

虚假的授权会使团队的士气受挫，其产生的危害和虚假的共识一样大。让一个人负责某项业务决策，随后又介入，将其推翻，会毁掉信任，授权需要你尊重他人做出正确决策的能力。如果授权是基于很差的判断力，那么你（和他）将不得不忍受这个错误，并从中学习。

在本章内容开始的时候，我谈到了我们曾经使用了一件工具帮助苏珊和她的领导团队明确了三种授权权限，以下是这件工具的工作原理：

• 级别A：你被授权开启决策程序，你可以采集意见、收集必要数据、得出选项然后提出建议，但最终的决定仍然是由你的老板做出。一旦决定做出，对决定内容和原因进行解释就是你的工作了。

• 级别B：你被授予了级别A的所有权限，另外你也被授予了做出最终决定的权力，但是你仍然要通知你的老板。

• 级别C：你被授予了级别B中的所有权限，而且你也不必再向老板汇报。

使用这个工具，你能够迅速清楚谁负责哪些决策，以及如何进行相关的沟通。注意，在这个典型的层级结构中，这些不同的授权并不是固定不变的。每一级中，授权的级别都可能发生变化。为了建立信任，你需要对所有授权进行解释，细化到每一级别的主管。

民主式决策

在一些情况中，决定是通过选举产生的。这种民主式决策，同样也分两个类型：

1. 一群人共同努力，收集信息，讨论替代方案，之后通过投票来做出决定。这是典型民选机构的做法，比如市议会。

2. 一大群彼此互不了解的人收集信息，然后通过投票做出决定。这是典型的民主国家中公民的做法。

民主式决策需要有一个能够被所有潜在选举人都理解的有序程序。投票前，投票规则必须清楚：谁有资格投票？如何进行表决？如何计票？什么才是获胜的标准？如果有资格的选举人是董事会成员、企业所有者或者民主国家的公民，那么组织有义务对即将进行的投票的相关条款规定进行说明。这些问题通常要在决策前解决，并纳入组织的政策之中。

绝大多数民主式决策是直接的，因为对何时使用投票程序已经有了明确的规定。但是也有例外的情况，我曾与一家银行合作过，在制定战略目标时，这家银行中的每个高管都有权进行投票，如果某项计划获得了大多数支持，就会实行；如果没有，就不会实行。我指出："一项战略的好坏不是看它是否受到欢迎，而是看它是否有效。"却被告知："这就是我们做事的方式。"两年后，当我听到这家银行已经破产的消息时，不禁莞尔一笑。

复合型决策

复杂的决策通常是"嵌套的"——就是指几种不同的决策程序都是为了一个最终决策而服务的。就像一套木制的俄罗斯娃娃，一个套在另外一个里面。比如，在决定购买一套新的 IT 系统时，可以授权一个团队达成一致意见，之后再向高管团队转达，与 CEO 协商后，由董事会进行民主表决，做出最终批准。

为了更好地管理决策，每个人都需要很好地了解这个过程。通过程序的透明化，人们能够更有效地行事。在上述的例子中，工程师团队应该知道，他们不必对某个选项达成共识，最终的决策是由 CEO 和董事会决定的；或者，他们可以就两个最佳选项达成共识，然后提交给上级，以供他们考虑。

现在让我们来看看这个"决策图"是如何阐明一项复合型决策的。假设一家像星巴克那样的国际连锁店想要开一家新店。调查员负责对可能的新地点进行甄选，然后将这些备选地点提交给区域经理，区域经理再委托一支规划团队对这些地点进行研究，针对值得进一步研究的地点制订出相应的业务发展计划。

规划团队应该由三个人构成：市场分析师负责对销售进行预测；预算分析师负责收入和支出的预算，包括劳动力、租金、设备成本等；金融分析师则为店面制定出融资和持股方案。

规划团队中的每个人都对相应领域负责。作为个人，他们也可以跟各自的团队进行协商。他们可以拒绝调查员选择的地点，也可以对这些地点进一步追踪。团队应该对开设新店的任何建议都达成共识。他们制订的业务计划应该包括与预计销售收入、成本（资本和运营）、持股和融资计划等相关的所有信息。

决策图样本

1. 调查员	2. 计划	3. 审核	4. 批准
• 星巴克调查员对潜在的新地点进行甄选。 • 调查员提交给区域经理。	• 区域经理委托某个团队。 • 团队制订出计划。 • 团队将计划提交给区域经理。	• 区域经理审核计划，做出调整。 • 区域经理通知团队。 • 区域经理将计划提交给负责的副总裁。	• 副总裁批准（或者不批准）。 • 副总裁委托区域经理实施计划。
调查员与区域经理进行协商。	经理委托给团队；团队达成共识；团队与区域经理进行协商。	区域经理通知团队；区域经理与副总裁进行协商。	副总裁委托给区域经理。

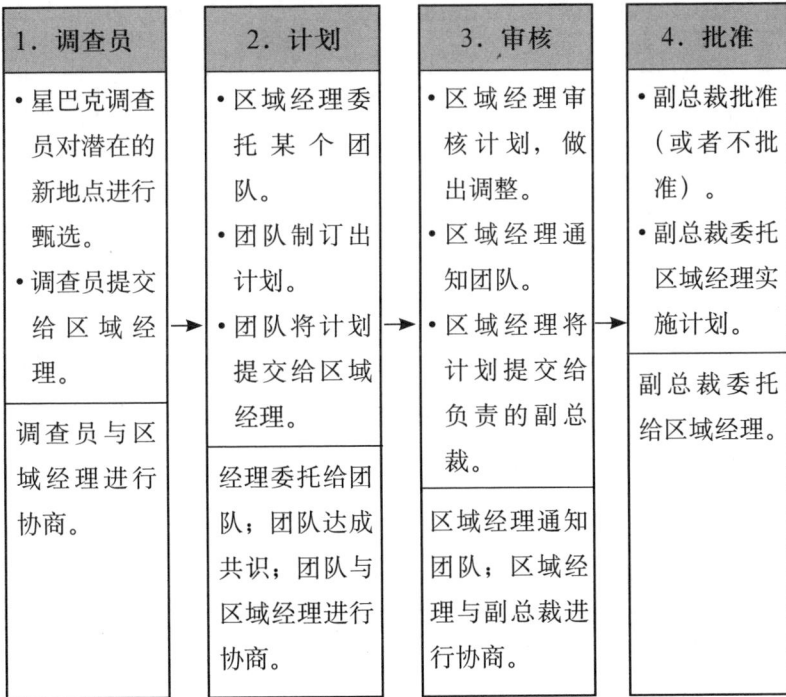

一旦方案完成，规划团队就要将计划移交给区域经理，让他来审核、批准（或者否决）。在这个过程中，团队扮演的是咨询协商的角色。区域经理批准计划后，就会提交给负责该区域的副总裁，这是另外的协商式决策。副总裁批准后，合格决策和过程才算完成。

决策图是一个非常强大的工具。每个复杂的决定都可以被直观地描绘出来。这样人们就能掌握这个过程中的不同步骤，了解自己在决策过程中的具体角色。有时，同一个人可能有着双重角色：他是规划团队中的一员，同时也是拥有决定权的老板。明确这个决策过程，继续对这个决策进行管理和沟通，是做好决策管理的本质。

确定外部持股人在决策中的角色也是非常重要的。使用决策图，你可以通过管理人们的预期来建立信任。在规划过程中，我们从一开始就会收集持股人的意见，并在最终决定前为其制定出一份计划草案。

明确说明期望

想要建立高级别信任的领导者和管理者必须对期望进行明确。如果你大脑中有一个具体的结果，说出来分享给大家，不要期望别人和你有心灵感应！如果你对报告的呈现方式有什么特别的期望，请提供一个例子说明；如果你了解自己想要的数据情况，最好解释一下。除非你和他们已经合作了好多年，否则不要期望别人凭直觉就知道你想要的东西是什么。

期望的一部分就是确定一个时间表，让人们去猜下周或者下个月会发生什么事情是不对的。你应该确定关键路径决策（即依赖其他决策的决策），例如，在开设新店时，施工进度会影响到招聘、促销和库存等等。分享关键路径问题的时间表和这些时间表的更新状况将建立信任。你或许会担心自己是否在进行微观管理，其实你没有。你正在做的事情，对于确保期望与信任级别的一致是必要的。

阐明期望的关键是交代清楚背景，这样人们就能理解为什么做出的这个决定很重要。为什么我们现在关注这个客户群、这个地区，或者这个特定的时机？就像一家大型零售连锁店的高层管理者告诉我："我的工作就是对我们做出某些决策的原因进行解释，以获得更多人的理解，为组织带来透明性。"

随着你开始对决策管理进行优化，将决策权下放、明确期望，你就从一种等级文化脱离出来，开始建设领导力文化。在这种文化中，人们重点关注总体目标和自己在目标达成过程中的角色。"我们"和"他们"的区别消失了，在这种文化中出现的是，人们同时扮演着领导者和追随者的角色。这种文化的发展将会在接下来的内容中展示。

组织文化的不同阶段

阶段 1：等级文化	这种文化中，由老板做出决策。在绝大多数的情况下，沟通是从上到下单向进行的。
阶段 2：目标驱动文化	这种文化中，人们为共同目标努力。沟通状况更具动态性，因为目标与绩效评估相连。
阶段 3：价值基础文化	这种文化中，做决定的依据是企业的价值观念和绩效信息。
阶段 4：领导力文化	这种文化中，"我们"和"他们"的两分法已经被消解，每个人都在无缝的沟通和绩效系统中团结起来。沟通是高度复杂的，因为每个人都能够同时成为领导者和追随者。

有效管理冲突

有效地管理冲突是做好决策的重要部分。冲突的类型有两种：第一类反映在优先项、方法和看待事物上的差异上。这种冲突是很自然的，因为它反映了组织中不同的观点、不同的历史角度和角色或者不同的风格。帮助人们学会如何驾驭这些冲突有利于信任的建立。通过对人们观点的自然呈现，能确保得到最佳决策。

第二类冲突来源于过去对信任的破坏。这一点反映在与他人合作中体现出来的嫉妒、愤恨和拒绝，这也是很自然的。它会浪费人们的时间，分散他们的注意力。

完美决策

在我的一个决策研讨会上，一个大型医疗保健系统的负责人问我："你有没有一个关于完美决策的简单公式？即便是难以轻易做出的决策？"我思考了一下，在活动挂图板写下了三件事：

1. 阐明决策

2. 深入探究

3. 沟通结果

过了一段时间，我对这个列表进行改良，为每一步增添了些细节：

第1步：阐明决策

• 对想要的结果进行界定

• 逐步对过程进行界定

• 阐明每步中决策角色

• 写下期望，包括时间表

• 辨别重要的路径问题

第 2 步：深入探究

- 监测过程

- 通知他人

- 解决冲突

- 保持决策过程一致

第 3 步：沟通结果

- 对决定进行沟通

- 解释原因

- 提供过程和结果反馈

- 识别人们的贡献

为了建立高水平的信任，你需要为处理这两种冲突定下清晰的基本规则。这就是我要说的：关于观点的冲突是可以预料的。直到决定产生之前，我预料你们之间一定会存在分歧。你们需要直接交流，理解彼此的观点。重要的是，你能对你的潜在假想进行讨论，找出哪些数据是你同意的，哪些是你不同意的。尤其是，不要让他人对你的冲突进行裁决，学着自己处理。只有在自己尽了最大努力不能解决问题后，再去求助于他人。一旦做出决定，就不要再耗费时间争论，全力支持这一决定即可。

为了处理第二种冲突，我会设定这样的基本原则：你会经历个人性质的分歧，这是不可避免的。你可能发现你就是简单地不喜欢另外一个人，或者讨厌他们过去做的事情。尽管这些矛盾会发生，但你不能让这些矛盾影响你的表现。如果它们确实影响了你的工作，你需要找到方法防止情况进一步变糟。如果让它继续影响你的工作，那么你可能即将不属于这个组织了。

真正的信任只有在人们经历过几次冲突之后才会出现。领导的工作就是确保基本规则到位。当激励规则是清晰的、公平的，能够持续得以贯彻的时候，那么这种冲突就会变得很有趣，而不会削弱组织。

下面这个例子就是与决策相关的经营原则，是由一家金融服务公司的 CEO 开发建立的：

1. 忠诚意味着你给予我诚实的意见，不管你认为我喜不喜欢。早期的分歧可能会刺激我，但是一旦做出决定，就不能再有争论。从那一刻起，忠诚意味着执行这个决定，就好像它是你自己做出的一样。

2. 在危机中，不要被吓到，不要让自己的判断超越了事实。当事实出现时，如果它们看起来不合理就要大胆地去质疑。有一些东西比数据能更深刻、更明智地反映我们的本质。

3. 坏消息不是酒，它不会随着年份的增长而改善。如果你不希望我参与其中，觉得你能自行处理，那我就不会参与。但是，我不想你找到我时，情况已经糟到了来不及做出任何改变的地步。

4. 如果没有完全了解我的意思，就不要离开我的办公室。如果你一直追问我，我会认为是自己没有说明白，而不是你没有听明白。一旦你离开了我的办公室，那就 100% 是你的责任了。

5. 如果团队成员之间存在问题，那么成员们应该聚集到一起，尝试内部解决。不要在团队内部还未充分讨论的情况下，就来找我。只有在你们真的不能自行解决的时候，再过来找我，我会进行裁决。

6. 不要让你的自我跟你的立场贴得太近，否则当你的立场被击败时，你的自我也会随之下降。

7. 始终保持对小事情的审慎态度。永远不要忽视细节，即便那些细节如蚊子般细小也一样。

8. 你需要偶尔站起来，抗争一下，但是不要制造敌人。有对手不是什么大问题，但今天的敌人或许就是明天你需要争取的朋友。

事实上，领导者能花时间对这些原则进行阐述和讨论正是领导力优良的表现。领导者能经常谈论这些原则，并与团队成员对其进行巩固是有意建立信任的标志。

我们曾和数十位领导者及其管理团队建立了相似的经营原则。哪些人将参与哪些决策？哪些领导需要经常会面？每过多久我们需要重新考虑一下授权责任？当人们开始谈论他们想如何在一起工作时，人们就会更加有效地工作。当期望清晰时，信任就会自然而然地建立起来。令人意外的是，许多人从没有进行过这样的谈话。

矩阵式组织中的决策

在矩阵式组织中，产品线和功能、区域责任交织在一起，不可能将责任落实到到每个人，共识式决策是常态。诸如市场营销副总裁或者财务主管的这些头衔，听起来像一个人能够负责所有与营销和财务有关的事务，但是真正将这些职责联系在一起的是产品经理，他们就像特定产品线上的CEO，当然还有那些负责具体实施工作的团队成员。

不用说，我之前提出的制定共识式决策的规则也适用于矩阵式组织。关键是确定这些共识领域中的定期节点，并建立起一个能够平稳而有效沟通的系统。比如，在与一家在每个时区都有业务的大型银行的合作中，我们制定了处于这些节点的决策会面频率（每周不少于一次），以及一套关于决策管理和沟通的正式原则，以供银行地区和职能领导者使用。

顺便说一下，对于决策权的焦虑是导致组织中存在不信任的大部分原因。当人们以职能角色和权威作为指引方向时，就会出现大量的噪音，隐藏过多信息会导致信息来源不明，流言蜚语和不信任也随之产生。

为了建立信任，成功的领导者通过让人们专注于正确的决策来控制噪音。领导者们通过对决策过程保持沟通，让人们围绕在决策而非权威的周围。通过在权限和责任交叉层面的有效交流，使人们得到有效训练。那么当冲突发生时，他们便能解决。

如何面对艰难决策

管理者和领导者经常要在"正确 VS 正确"中做出艰难的选择。在这种选择中，两边都有强有力的证据作为支撑。新产品是应该取消还是重新设计？工厂是应该关闭还是升级？人员是应该解雇还是保留？成功者和失败者的区别在于对最艰难问题的决定。在最艰难的决策中，你会失去自我。

以下是我多年来收集的一些如何管理这些艰难决策的见解。

我们每天都在做出妥协：我宁愿早点去办公室，也不愿意去健身房；我们宁愿在办公室待到很晚，也不愿早点回家和孩子一起玩。这些决定是我们经常做出的，通常我们也意识不到它们的影响。这些轻易的妥协被我们忽略了，尽管它们累积的影响可能改变我们的生活。

只有当有人质问我们时，我们才会后悔："为什么不花更多的时间和家人在一起？""为什么不花更多时间来运动？"然后，这些妥协退让在我们眼中突然变得前所未有地严重。当看到所有因为一个个决定而放弃的东西时，那些平时最简单的决定好像也变得重要起来。我们从中学到了什么呢？

首先，每一种选择都需要放弃一些潜在的好处，你不可能得到全部的好处，所以不要为难自己。

第二，在决策过程中，越是以数据为中心，就越容易对艰难的问题做出抉择。请教别人，听听他们怎么说。在决策过程的早期，就要广泛收集相关数据。尽管看上去非常乏味，但你最终会从中得到受益。正如你将在本章后半部分学到的，我们对能力的假想经常是我们做出最佳决策的障碍。只有在情绪和理性平衡时，人类的大脑才能更好地进行决策。如果你的心告诉你要遵循某条特定的路线，那就先收集一些事实证据，看看它是否为最佳选项。

第三，使用 80-20 法则。如果你对某个选择有 80% 的信心，那么就照着去做。[1] 要得到剩下的 20% 会花费很长的时间。缺乏时间是今天商业环境的重要特征，犹豫不决会带来致命的影响，向前迈进总比冒险静止不动要好。

最后，不要害怕推翻原来的决定。承担风险和犯错是领导力的一部分。伟大的领导者知道他们什么时候做了错误的选择，他们会公开承认这一点，并迅速调整方向。在这个过程中，他们不会因为犯错而惩罚自己或者他人。相反，他们会面向未来，为公司愿意做出调整而欢呼雀跃。

GROW 模式

艰难的决策需要提前安排，这样人们能够以合乎逻辑的方式进行决策。一种能够帮助人们处理这些难题的技巧就是 GROW 模式。[2]这是一个用来对艰难对话进行管理的工具。

GROW 中的 G 代表"目标"（goal）。在对艰难话题进行对话时，首先应该做的就是确立讨论的目标，以及你想要达到的总体目标。也许是清洁空气，或者确定决策中的下一步，又或者是解决一个问题，应对一个即将到来的竞争对手。首先要谈论这个目标，确保人们朝着相同的目标迈进。例如，让我们假定目标是修复某个数据库，以便不同地方的人们更轻松地输入数据。

GROW 中的 R 代表"现实"（reality）。第二件我们要谈论的事情就是目前的现实。"发生了什么事情？""我们是怎样到这里的？""我们知道什么？""我们不知道什么？"以数据库作为例子，现实就是人们并没有一直使用相同的字段，记录不准确，数据库不能从其他来源导入数据。

GROW 中的 O 代表"选择"（option）。你怎么修复数据库？是外包给别人，还是说对管理层人员做出调整？是建立更严密的程序，还是设定修复的优先顺序？又或者是放弃现有平台？这些都需要人们集思广益，彼此分享观点。

最后，GROW 中的 W 代表着"意愿"（will）。例如，我们将要怎样做？人们决定下一步行动的时候，可能是讨论中最艰难的部分，因为做出某个决定就意味着放弃其他选择。

把 GROW 模式教给人们，能够让他们在内容比较复杂的对话中，感到更加自信和舒适。这也是做好管理决策的一个重要部分。

GROW 模式

因素	提出的问题
目标	• 你要处理的是什么问题？ • 针对这个问题，你的长期目标是什么？时间安排是怎样的？ • 在一定时间期限内，你能够确定的中间步骤是什么？
现实	• 现在的具体情况是什么？ • 对于这个问题，你最关心的是什么？有多关心？ • 受到影响的都有谁？ • 对于结果，你有多大的掌控能力？
选择	• 解决这个问题，你都有哪些不同方法？ • 你还能做些什么其他的事？ • 如果你有更充足的时间或者更大的预算，你还会做什么？或者说如果你是老板的话，你将怎么做？ • 如果你拥有重新再来一次的机会，有一个新的团队，你将会怎么做？
意愿	• 你选择哪种或者哪几种方案？ • 下一步，你准备怎么做？ • 这在多大程度上符合你的目标？ • 在这些步骤中，可能有哪些因素对你造成阻碍？

沟通决策结果

在某个时候，会做出最终决定，下一步就是告诉人们结果，并对决定背后的原因进行解释。令人惊讶的是，这是许多决策程序中断崩溃的地方。你可能很清楚整个过程，但是别人还是处于黑暗之中。一项复杂的决策会影响很多人。我从来没有见到过，在人们对某项决定进行沟通时因为告诉了太多的人而犯错的。相反，我看到了无数未通知到关键人物而犯错的例子。

一旦做出决定，你就该召集参与决策的人员，要求他们对决策管理的状况提供反馈，哪些做得好？如何在下次中做得更好？这种反馈看起来好像是没有必要的，但是相信我，你能从中得到改善未来决策过程的东西。不要忘记将反馈者的名字公布出来，准备一些用于感谢的小物件，比如一件团队 T 恤、一张团队照片等，这都是参与重要决策的重要标志。小物件可以象征巨大贡献，并为人们提供曾帮助建立信任的认可。

决心时刻

"决心时刻"是个人或者团体振作意志，对艰难的事项进行决策的时刻。这其中有损失的风险，也有获得实质回报的机会。有时候，门打开了，你做出决定后，门又突然出现在你身后，在你前面是做出决定的结果。但目前，你还处于决心时刻之中。

当我们在做出艰难的决定时，会有数百个因素和论点发挥作用。身处其中可能让我们感到困惑、抓狂，但在某种程度上，我们正在解决这个问题。一旦获得突破，你就渡过了这个决心时刻，进入了实施模式。你已经没有回头路了。

116

要成为一个成功的领导者，你需要让人们了解这些决心时刻。人们需要知道你已经做出了艰难的决定，你承诺将会采取一系列的行动，已经没有任何反悔的余地了。人们在领导身上寻找解决问题的迹象——它建立了信任，知道领导者愿意采取强硬的立场，正面解决问题。

一旦做出决定，有一条重要的基本规则需要每个人铭记：所有人需要站在一起支持最终决定，即便你在之前曾反对过。希望建立信任的领导者会执行这条基本原则，无一例外。

不同的决策风格

决策丰富性的增加，是因为我们每个人都有自己喜欢的决策风格。在决策中，每一种风格都会表现出特定的习惯倾向。了解你的决策风格，对每种风格中存在的隐患和陷阱都保持清醒认识，是成为领导人的重要一步，也是帮助周围人培养相关技能的过程。

直接对话（The Straight Talk®）系统是在 1995 年开发的沟通系统。[3] 这个系统可以让你深入了解自己喜欢的决策风格。决策风格主要有四种：监督者、表达者、思考者和协调者，每种风格都以一种特定的方式做出决定。

监督者：监督者很强硬，他们是以行动为导向的领导者，专注于业务的发展。监督者对行动的速度十分看重。完成任务的人会受到奖励，任务完成得越快越好。监督者将世界视为一个比拼速度的地方。

表达者：表达者通过充满创造性的想法领导他人。表达者的沟通风格是坚定自信、以人为本。表达者认为人们应该自由地表达自己的意见，进行创新性思考，清晰表达出自己的感觉。他们喜欢娱乐。表达者将世界视为以个人创造性和成就来区分人群的地方。

思考者：思考者注重细节以及做好工作所需的东西。思考者的沟通风格不像监督者和表达者那样自信。像监督者一样，思考者也是以任务为导向。他们认为做事情一定有个最好的方法，他们的任务就是确保不出错。当任务或者项目完成时，他们会感到受到奖励一般。思考者将世界视为一个能够解决问题和完成任务的地方。

协调者：协调者通过支持他人来进行领导。他们的沟通风格比监督者和表达者更加缺乏自信。像表达者一样，协调者是以人为导向的。他们认为自己需要照顾到团队的需求和其他人的利益。当团队表现良好的时候，他们就感觉好像自己受到了奖赏一样。他们认为生活中最重要的，是人与人之间的关系。协调者更喜欢合作。

每种风格都会使用特定的方法进行决策。

监督者害怕承担风险。他们看到的都是大局而非细节，因此他们喜欢做长期决策。

表达者喜欢集体讨论。他们性格开朗，富于创造性，不介意冒险，能够比他人更多地进行创新性思考。

思考者注重细节。他们更愿意在考虑每个选项可能产生的后果后，做出细心的选择。他们喜欢每次只解决一个问题，从逻辑上考虑每一个步骤，对需要做出的事情列出一个清晰的列表。

协调者喜欢做对团队和群体有益的事。协调者不喜欢惹是生非或者打乱现状。他们想解决问题，但是不希望任何人因此受到伤害。

当然，每种风格都会偏向某种类型的决策。监督者更喜欢对重大战略问题进行决策；思考者喜欢解决问题；表达者喜欢集体讨论；协调者喜欢帮助人们更好地进行共同的决策。

了解这些决策风格会帮助你做好决策管理。比如，在某个决策过程中，它有助于在四种风格间达到一个平衡。一个房间中有太多的监督者和表达者会导致过多意见和冲突。太多的思考者和协调者则有可能导致分析的泛滥。在任何事情上，掌握程度的艺术都在于适度的混合与平衡。

从另外一个层面来讲，每个人都应该意识到自己的风格，学习根据实际情况转变这种风格。我不是让你以自己不舒服的方式去表现风格，如果一个监督者可以更加有耐心，表达者能更善于倾听，思考者能对创新性选择保持开放的态度，协调者能更加开放地面对变化，就已经迈出了建立信任的主要一步。

对自身能力的错误评估

人类是一个矛盾体。我们能思考一些最细微的问题，例如物质的起源或者时间的开端。我们为自己的聪明才智感到骄傲，但是同时，我们也会做出让我们看来非常蠢的假想。

心理学家很早就知道，人类对于事实的反应是具有选择性的，我们只关注那些支持自己行为的证据。研究表明：我们的大脑通过忽略可能提供相反证明的证据，来使"正确性"得以生效。心理学家将这种现象称为认知失调。它对我们如何做出决定有着深远的影响。除非我们能够意识到这种现象，或者我们信任的人能够给予我们独立的观点，否则我们不知道自己是否看到了客观的情况。

不仅如此，有证据表明那些认为自己最有能力的人往往是最没有能力的（保持谦虚很重要）。例如，在 2000 年的一项研究中 [4]，研究者表明在一系列简单的读写和拼写的测试中，得分最低的人往往是那些认为自己最精于此道的人。相反，真正有能力的人更可能低估自己的表现。换句话说，我们对自己的评价和我们的实际表现之间存在相反的关系。

这项研究也从侧面印证了其他关于自信泛滥的研究。例如，研究者已经表明，绝大多数人在各种各样的活动中评价自己"高于平均水平"，尽管在统计上的结果显示并非如此。就像加里森·凯勒（Garrison Keillor）的忘忧湖（Lake Wobegon）走入了现实生活中，那里的女人都很漂亮，所有的男人都"高于平均水平"。

这项研究对人们认知的扭转还不止于此。这些测试显示，在较早测试中被揭示为无能力的人，不会受到他人的较好表现所影响。这些群体中的一些人甚至进一步提高了对自我能力的估计，仅仅因为他们看到过别人的成绩。换句话说，如果你不是非常能干，让你做出改变也是很困难的，因为你是一个非常顽固的人。

为什么会这样呢？数万年前，当我们的祖先还在狩猎大型动物（比如猛犸象）时，"能力假想"已经赋予了我们进化优势。他们没有武器，只有一些有尖头的棍子。早期狩猎成功的唯一方法就是团结在一起。能力假想为他们提供了一种集体勇气，去做一些个人在正常情况下不会做的事情。如果缺少这种能力假想，他们只能待在洞穴中。能力假想帮助他们克服恐惧，迎接挑战，感受成功，繁衍种族（尽管每次在狩猎过程中都会有一些人被猛犸象杀死）。

对能力的假想让我们为自己的信念和决定辩护（即使它们很愚蠢或很危险），但随后会有志同道合的人来到我们身边。就像卡夫卡所说："信仰就像断头台，如此之轻，又如此之重。"对能力的假想解释了为什么人会有强硬的政治和宗教立场，它是领导核心深处的"幽灵"。

我们摆脱不了对能力的假想，但是我们可以在管理决策时，将其影响缩至最小。这正是协商式决策真正发挥作用的地方。如果我们对能力的假想保持警惕，意识到自己的错误，就能看到周围团结着一批拥有不同观点的聪明人，他们会帮助我们理解正在发生的状况。协商过程是非常有价值的，因为它可以帮助我们更客观地看待问题，更清楚地看到存在于我们自己领导核心队伍中的错误。

"替代方案"的危害

在人们不习惯承担责任的背景下，或者其运行结构与责任相悖的情况下，很难对决策进行管理。职位问责（职位负有什么责任）

和责任（一个人实际能做什么）可能会变得非常不一致。这通常是由于我们所说的"可替代化"（nichifying）。

对植物学家、生物学家和其他科学家来说，替代选择是理解进化如何起作用的关键。为了生存，植物和动物都需要不断努力，寻找并占据最安全和最容易的位置。比如，随着气候的变化，植物会在更湿润或更干燥的环境中生长；随着捕食者更加普遍，动物们会迁往危险程度较低的地区。

在组织内部，人们也会进行自我定位。当定位起积极作用时，人们能够找到让自己的才能得以发挥的最佳位置，在这样的位置上会感到自我价值最高，贡献最大。定位会成为组织的优势。

但是定位也有消极的一面。它会在官僚机构中以"替代方案"的形式出现，比如如果有人在做其他人本来负责的事，原因要么是他们做得更好，要么就是他们更喜欢。人们会说："好吧。如果你真想完成这个任务，那去见见会计部的桃乐茜吧，尽管她不负责采购，但是每件事都要经过她的手。"

在公职机构中，职位固化更为普遍，因为公务员制度条款在一定程度上阻碍了人们找到适合自己的位置。工作责任流向了有技能做这份工作的人，而不一定是合适的角色。替代方案的结果就是"影子组织"，即存在于正式组织之上的非正式组织。哪里有"影子组织"，哪里就会有混乱的职位和职责，以及冗长、费解的决策过程。

比如，加州一个公共机构的财务决策由三个部门承担。应收账款和应付账款由财务部负责，资本支出由运营部负责，而规划部则负责预算、规划和复杂的融资。组织内部的人知道谁该干什么，但是却没有人为财务绩效负责。不出意外，这家机构的整体财务表现得非常差。

在这种背景下，你将如何优化管理决策？一方面，你可以花更多的时间与人交流，建立信任，支持工作程序中的变革。你可以让人们关注组织在原则上与实际上存在的差距。你可以把人才放在与他们最为匹配的职位上。你还可以不断寻找机会，招聘新人，提拔组织中已有的人才。否则，只会让更多的人才被迫离开，引发更严重的官僚主义风气。

结论

为了建立信任，你需要专注地成为一名出色的决策管理者。这意味着你要教会人们决策相关的词汇，设计有效的决策程序，避免掉入虚假共识的陷阱。最重要的是，要确保授权的清晰。

成功的领导者会帮助人们看到"能力假想"可能产生的后果。他们训练自己，也训练别人，以便能够接受质疑，保持开放的态度。这样做，他们就可以树立开放和协作沟通的模式，这对于建立高效的组织是非常重要的。当面临着"正确 VS 正确"的艰难选择时，成功的领导者会将自己看作管家。他们关注核心价值，深入探讨，确定问题解决时限，沟通决定并继续前进。我们也应该继续学习如何让你的领导特质激发团队信任。

第五章
自我成长：
成为精神层面的领导者

富兰克林·罗斯福在 1932 年竞选总统时，一位记者曾经提问，问他认为总统需要什么样的品质才能做到"总统不仅是行政上的领导"。他说："总统在很大程度上还是精神层面的领导，我们所有伟大的总统都是在处理重大历史议题时，成为思想领袖的。"

罗斯福除了给美国带来了思想领导之外，也带来了其他东西：他向人们展示了建立信任所需的四种个人特质。在本章中，我们将重点关注这些个人特性。正如专业实践一样，这些个人特性是可以学习的。虽然学起来可能不容易，但绝对是每个人能够学会的。沃伦·本尼斯（Warren Bennis）曾说过："最危险的领导神话就是领导者都是天生的。事实上，情况恰恰相反。领导者都是练就的，而非天生的。"[1]

领导力的四个 H

高尚（Honor） 遵循伦理道德规范，让他人能 高度信任自己。	激情（Heart） 对自己所做的事情保持激情。 面临失望和失败时，仍继续前进。
谦虚（Humility） 用创建一种伟大文化的更大目 标引导自我。	幽默（Humor） 对生活带给自己的东西保有一份 幽默感。

高尚

1995 年 12 月 11 日，艾伦·福伊尔施泰因（Aaron Feuerstein）在波士顿的一家餐厅中庆祝 70 岁的生日。他的人生可以说是很美好了。他的公司，莫登纺织厂（Malden Mill）刚刚在马萨诸塞州的劳伦斯开了一家生产抓绒布料的新工厂。在过去 100 多年中，这是首家开在新英格兰地区的纺织厂。然而，就在晚宴进行的时候，他接到了一个电话，电话里说新工厂发生了火灾："这是一场六级大火，有人在火灾中受伤。"

福伊尔施泰因赶到现场，向聚集在体育馆的员工发表了讲话。员工们忍着悲痛，听完了他的讲话。33 名工人受伤，其中 8 名伤势严重。除此之外，还有 3 座建筑物被毁。

法则 5：从自己开始

领导者需要展示自己的四项个人特质，以在周围人中建立高度信任。他们需要品格高尚，对自己的事业表现出激情和热心，展示出全面的幽默感，同时保持谦逊和好奇。另外，领导者还需要成为沟通大师，善于处理他们所要面对的复杂而矛盾的个人问题。当这些个人特质融合到一起时，就能建立信任。

许多人都认为福伊尔施泰因会用 3 亿美元的保险金在另外一个地方重新开设工厂。毕竟，绝大多数新英格兰的厂商已经搬迁至更便宜、不承认工会的南方或者海外地区。但事情发展的方向与人们预想的完全相反，福伊尔施泰因承诺将在原地重建工厂。他同时承诺，将向全部的 3000 名员工支付 12 月份的工资和圣诞奖金，并保留

3 个月的薪资福利。他没有把自己的行为当作慈善来看，而是将其视为良好的商业意识以及承担社会责任的举动。一周内，为了实现诺言，福伊尔施泰因支付了 150 万美元。他的雇员把他当作英雄。他这种高尚的行为赢得了员工们发自肺腑的忠诚。[2]

品德高尚的领导会恪守承诺，不做自己不能遵守的承诺。他们言出必行，遵守互惠的准则，让其他人信任自己，并愿意追随自己。用全球伦理研究所的创立人拉什沃思·基德尔（Rushworth Kidder）的话来说，就是"坚持到底"（adherence to the unenforceable）。[3]承担责任，在需要信任的地方给予信任，注重伦理道德上的表现，这些都是品德高尚者的习惯。

以一种高尚的方式活着意味着要思考什么才是正确的，并且按此行事。这意味着即便成本很高，要承担巨大的风险，我们也要坚持。高尚地活着就是要维护所有地区和信仰的道德准则。

我最喜欢马克·吐温的一句话："永为正义之事，这会使一些人开怀，而使另一些人震惊。"

激情

作为一个 20 多岁的年轻人，沃尔特·迪士尼为了实现创造出第一部长片动画的梦想，几乎导致自己的初创公司破产。但是经过七年的奋斗和挣扎后，他完成了他的代表作《白雪公主和七个小矮人》，创造了电影的新历史。

之后，在沃尔特 40 多岁时，为了实现迪士尼乐园的梦想，他再次将公司推至了灾难的边缘。他是个鲁莽的冒险者吗？不，沃尔特·迪士尼只是对他信任的东西有着难以置信的热忱，以及将其实现的勇气和决心。

用激情领导是装不出来的，也没有办法培训。用激情领导意味着要遭受反复失望的折磨，要经历所有领导者都会面临的毁灭性打击。成功领导者的不同之处在于，他们能维持自己的激情，以渡过逆境。正如作家兰斯·萨克雷坦（Lance Secretan）[4]写过："领导力不是公式或者程序，而是源于决心的人类活动。"

在企业界，用激情领导成功的例子不在少数。健康饮料品牌Jamba Juice的创始人柯克·佩龙（Kirk Perron），于20世纪90年代在圣路易斯-奥比斯波(San Luis Obispo)开了第一家店。从一开始，他的决心就是启发和简化健康生活。[5]维珍唱片公司和维珍航空公司的创始人理查德·布兰森（Richard Branson）认为追随自己激情是非常重要的："对我来说，生意不是穿着西装或者取悦股东。它是忠于自我和自己的想法。"[6]在苹果公司20世纪80年代的极速崛起，以及20世纪90年代的复兴过程中，史蒂夫·乔布斯对融合艺术和计算机一直充满激情，他曾说过："我一直在说苹果是最具创造力的先进技术公司。"[7]

简而言之，成功的领导者都由内部的精力和动力所支撑。他们对自己所从事的事业充满激情，而他们的激情也激励着周围的人去建立信任，激发创造力。

谦逊
· ·

对于领导者，人们最希望其具有什么品质呢？一项针对最受尊敬CEO的研究表明，谦逊排在首位，即领导者愿意接受和承认自己的缺点。[8]

谦逊的领导者不会只关注自己。他们使用"我们"这个词的次数是使用"我"的两倍。是什么使谦逊如此吸引人呢？这一切都要归功于信任和互惠。我们在心中总是对谦逊的人有这样先入为主的观念：他会为他人和组织的最佳利益而努力。所以，当有人表现得很谦逊时，我们的欺骗者检测器的指针就会偏向"信任"那一边。

艾伦·布鲁纳西尼（Alan Brunacini）在凤凰城（Phoenix）担任消防队长一职有 30 多年。他创造了一种重视谦逊的文化。布鲁纳西尼列出了他希望其队员具备的具体特征。它们是：

- 少说，多听。
- 通过信任别人建立自己的信任感。
- 通情达理，善于体察他人情绪。
- 避免事无巨细的管理。
- 放轻松，放开手。
- 多一点笑容。
- 不要伤害别人的感情（理解他们的情感）。

像布鲁纳西尼这样的成功领导者会在事情发生之前进行自我检查。他们会引导他们的自我朝着建设伟大组织的宏伟目标迈进。在领导力的这个方面，抽出你的自我是建立信任的关键。如果你倾向于把自己放在首位，那么沟通会与你的"自我性"（me-ness）背道而驰。从另外一方面说，如果你倾向于平等待人，人们会认为你是个公正的人，值得信任。

在沟通过程中，我了解到许多领导者都经历过内心发展方向的转变。有一位领导者说在妻子离家后，自己进行了心理治疗，最终让妻子回心转意。另外一位领导者则谈到了自己是如何帮助女儿治疗自虐行为的，女儿的康复也让他更加致力于促进自己的成长。还有人说，曾亲眼见过一位自负的老板是如何浪费公司资源的，虽然他曾发誓不会再犯同样的错误。

我记得有一家公用事业公司的 CEO 总是将赞誉和认可归于她的员工。当董事会向她颁发杰出服务奖时，她将奖项转给了背后为她工作的员工们。"我不配享有这个奖。我的员工们才是最有资格获得这个奖的人。"她说。

任何年龄段的人都可以学习谦逊。一位被同行认为"傲慢"的零售中层管理者，在经过一段时间的培训和自我反思后，发现了解决自己问题的关键："表现出谦逊只会让我更强大，要放弃自己必须完美的想法。没有比这种感觉更棒的了。"

克利夫兰一家钢铁公司的高管称："在越南战争中，那种濒临死亡的感觉我至今记得清清楚楚。从来没有一件事比直升机接走我们，更让我心怀感激的。我唯一的要求就是活下去。"这位高管建立的这家公司，从保证"没有问题"的公司产品到拥有 2200 份员工个人资料的公司网站，无一不体现着信任的存在。

安然（Enron）出了什么问题？

在安然公司于 2003 年倒闭之前，如果和其员工交谈过，就会了解到安然曾一度呈现出繁荣的景象。有能力的人被招入公司，并被授予了决策的权力。具有创造性的交易不断产生。在能源期货交易和全球风险管控领域，一种非凡的商业模式正在出现。安然的惊人崛起被许多一流商学院当作研究案例。那安然为什么会倒闭呢？

安然失败的核心原因在于公司领导力的失败。公司总裁肯尼斯·莱（Kenneth Law）野心勃勃，但在经营上又显得漫不经心。CEO 杰夫·斯基林（Jeff Skilling）是一个傲慢的冒险家，善于钻各种法律政策的空子。安德鲁·法斯托（Andrew Fastow）在财务上的表现堪称"天才"，将公司数百万美元的资金挪为己用。安然的这些领导者在天然气和其他商品市场积累了大量财富。但是，为了追求利润，莱、斯基林、法斯托和公司其他领导违背了基本的伦理道德和价值观念。具有讽刺意味的是，假如他们遵守了安然自己设定的道德守则，公司也不会破产了：

尊重：己所不欲，勿施于人。我们不能容忍虐待和不尊重他人的行为。冷酷无情、麻木不仁和傲慢无礼都不属于这里。

诚信：我们与客户以及潜在客户开展公开、诚实和真诚的合作。如果我们说自己会做什么事情，我们就一定会做；如果我们说自己不会做什么，那么我们也一定不会做。

沟通：我们有义务进行沟通。在这里，我们花时间去相互交谈，听取彼此的意见。我们相信信息需要流动，需要流向他人。

卓越：我们对自己做的每件事都感到满意。我们不断提高对每个人的要求。在这里，最大的乐趣就是发现我们究竟可以做得多么好。[9]

安然设定的这些价值观恰好反映了我们本章所探讨的好领导的个人特性，但它们仅仅停留在了纸上，从未被认真执行过。

幽默

赫伯·凯莱赫的搞怪行为在西南航空可以说是一个传奇。万圣节时，他将自己打扮得像猫王一样。在和竞争对手卷入了商标纠纷后，他竟然和对方的 CEO 当众掰起手腕。"我们一直认为，生意可以而且应该充满乐趣。在很多公司，当你走进办公室时，就必须带上一张面具。只要在办公室里，无论是在表情上、言语上还是在行为上，你都表现得像另外一个人。这也是为什么许多企业的工作氛围枯燥，缺乏人情味。"

正是这个原因，西南航空在招聘时会使用"幽默测试"。申请人会被问这样的问题："请告诉我们幽默是如何帮助你解决生活中的难题？"准驾驶员被要求穿上卡其布短裤和夏威夷衬衫。那些乐意这样做的人会通过测试；而那些拒绝这样做的人，则不会在西南航空里找到他的位置。

几乎每一位与我合作过的成功领导者都有一种自嘲式的幽默。Visa 的创始人迪伊·霍克（Dee Hock）在谈及自己的成功时提到了自己的好运气，这份好运将他在对的时间放在了对的位置，因此创建了世界上最大的信用卡公司。"我能有今天的成就完全是个偶然，我实在是太傻了，没有能力做出自主选择，只能被推到这个位置。"劳斯公司创始人兼 CEO 吉姆·劳斯（Jim Rouse）这样告诉他的员工："我不知道自己在这里能起到什么重要作用，所以谢谢你们让我通过做 CEO 的形式来服务大家。"

约翰·肯尼迪（John F. Kennedy）曾说自己根本不知道妻子杰奎琳把他的钱藏在哪里。1984 年，民主党总统候选人沃尔特·蒙代尔（Walter Mondale）指责罗纳德·里根（Ronald Reagan）的政府是"失忆政府"，里根反驳道："我认为那些指责我患有失忆症的话是不当的，我希望我能够记得是谁说的。"

人们喜欢能够展现出幽默感的领导。当你开自己的玩笑时，我们的欺骗者检测器指针就会转向"信任"。如果爱是世界通用的语言，那么幽默感就是世界通用的信任建设者。

提升沟通能力

沟通一词的字面意思就是"使某事变得普遍"。从最基本的层面来说，就是让你的需求被他人知晓；从最高的层面来说，沟通意味着和那些与你有不同观点的人，建立强有力的信任关系。

教育家、心理治疗师维吉尼亚·萨提亚（Virginia Satir）曾写道："一个人降生在这个地球上，沟通是决定他与别人关系以及他在这个世界上会经历什么的最大单一因素。"[10]

在促进领导和领导机构发展方面，我的大部分工作都集中在沟通上。自从 1998 年《直接对话》出版之后，[11] 我一直在致力于发展我对于沟通的个人理解，并将沟通能力分为四层。

沟通的四种能力

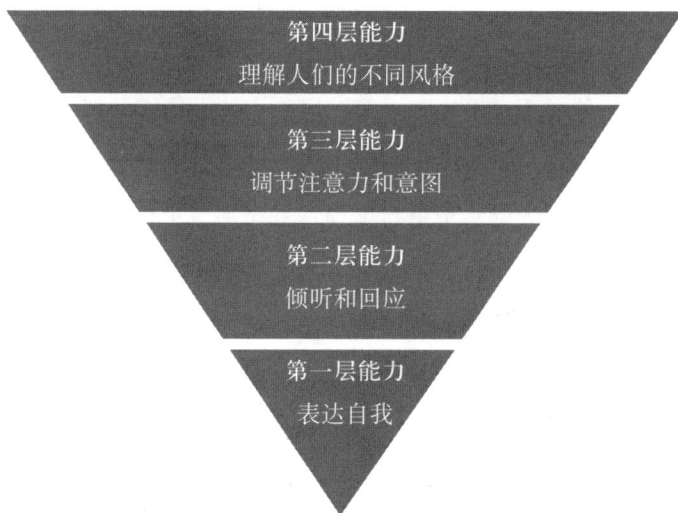

第四层能力
理解人们的不同风格

第三层能力
调节注意力和意图

第二层能力
倾听和回应

第一层能力
表达自我

第一层能力：表达自我。从降生之日起，我们就开始表达什么是我们想要的东西。随着时间的推移，我们学会了如何使用词语，学会了如何命名简单的情感和精神状态。成年时，我们已经具备了表达感受和需求的一整套策略。

然而，即便成年之后，我们仍然在学习第一层能力。成年人不再直接说出自己想要的东西，开始用绕圈子的方法，把人们的注意力从真正的问题或需求上转移开来，这样做主要是害怕丢"面子"、害怕暴露、害怕看起来很蠢、害怕失去权威或者权力。不过，即使感到情绪激动和敏感，学习表达自我仍然是掌握第一层能力的全部。

第二层能力：倾听和回应。出生之后，我们就开始学习如何回应他人，面对有趣的脸庞时我们会笑，我们开始察觉到他人的情绪。随着对语言的掌握，我们开始用词语进行回应。在五六岁时，大多数人已经可以和他人分享自己的想法和感觉，建立起新的人际关系。

随着年龄的增长，我们开始学习与他人对话，结识那些值得我们尊重和关注的人。在互惠和信任的基础上，我们开始拥有属于自己的诉说和倾听模式。

从更高的层面上看，掌握第二层能力的人能够从谈话中获取更深的含义，而不只是听别人表面上说了什么。人们能够对听到的话进行解读，对他人的意思进行演绎，并添加多重含义。通过对他人话语的解读验证，我们就能与他人建立起更深的信任关系。

第三层能力：调节注意力和意图。拥有第三层能力的人会表现出一定程度的自我意识和自我控制，正是这一点将他们与处于第二层的沟通者区别开来。拥有这种能力的人能够改变自己的注意力和意图级别，进而获得较高的情商。首先让我们讨论一下注意力的四个层次：

层次1：意志。我现在的注意力是集中的吗？还是处于涣散的状态？

层次2：意识。我是处于高度清醒还是常规的状态？

层次3：吸引。我是被这次沟通所吸引还是对其持排斥态度？

层次4：质量。我的注意力是创造性的、分析性的还是移情性的？

第三层的交流者能够察觉到自己关注的质量，并根据社会和政治意识，选择适当的回应。比如：如果交流者听到某人与同事有矛盾，他们可能会选择分析性的回应："我有类似的经历，知道你正在经历什么，这是我的处理方式……"或者以一种具有移情作用的方式："我真的很理解你现在的感受，我该怎么帮助你？"又或者以一种创造性的方式："这件事发生在你身上简直是太让人惊讶了，让我们想想有什么办法能解决这种情况。"

第三种能力的交流者也能意识到自己的意图，并改变它。意图可以分为四种：肯定型、控制型、防卫型和拒绝型。只有第一种类型是积极的，其他类型的意图都会导致冲突。在90%的时间中，第三种能力交流者使用的都是肯定型意图。即使在激烈的辩论中，他们也会说："我听到了你说的内容，尽管我们意见不一，我也尊重你的观点。"

调节注意力和意图会让第三层能力的交流者表现出较高水平的情商。普及"情商"一词的丹尼尔·戈尔曼（Daniel Goleman）表示，最成功的领导者会展现出自我察觉、自我调节、动机、移情和社交技能等情商能力，因此能够与人建立更深、更令人满意的关系。[12]

情商的一部分体现在"我"一词的有意使用。例如，对某个刚刚提出想法的人，不要说"你没说清楚"，你应该说："我感到困惑，你能为我解释一下吗？"拥有这种力量的人也能传递一些情感上不易察觉的细微差别和喜好，例如，对一位刚刚被提升的同事，你可以这样说："你升职真让我感到嫉妒，但我也真为你高兴。对不起，我只是有点矛盾。"

为了评估你的第三种能力，问自己以下这些问题："我是否察觉到了我的注意力状态？我能控制住它吗？在我听别人讲话时，我是否完全投入到谈话内容中？我有没有调整自己的思想，让自己不仅能听到他人正在讲的表面内容，还能听出其言外之意？"如果大多时候对这些问题的答案为"是"，那么就表明你已经掌握了第三层沟通能力。

第四层能力：理解人们的不同风格。拥有第四层能力的人能够将他们的沟通带入更深的层面：通过对对方沟通风格的准确理解和对深层原因的假设，他们可以改变自己的沟通方式。他们会有意识地去辨别他人的价值参考体系，并相应地调整自己的沟通风格，从而帮助拥有不同乃至冲突观点的人进行有效的沟通。

为了掌握第四种能力，你必须认识到，即便人们说的是同一种语言，但是他们说的和听到的内容，可能只是在不同参照系和运行假设下的似同非同而已。你必须学会辨别这些不同的沟通风格，学习如何根据不同情况改变自己的交流风格。第四种能力本质上就是改变自己风格，以促进更好的沟通交流。

在《直接对话》中，我描述了四种不同的交流风格：监督者、表达者、思考者和协调者。这些在上一章中介绍过的风格，每种都是基于不同的假设。[13] 每个人身上并不是仅限一种风格，更多时候是不同风格混合后的体现。为了理解你的沟通风格，你要知道每种风格在你身上不同程度的体现。

第四种能力包含了最高水平的自我意识。处于这种水平的人可以利用他们对不同风格的理解，形成自己的倾听方式，这才是真正有力的倾听。在倾听他人时，他们能够辨别对方潜在的价值参考体系，并以相应的方式做出回应。对被倾听的人来说，这是一种非常棒的体验。"当我和他交谈时，我觉得自己能被完全理解。"一个人这样描述道。

哈佛商学院的前任院长就是这样一个拥有第四种能力的交流者。当和思想者交谈时，她表述得非常详细，善于分析。当和表达者交谈时，她会兴致勃勃地讲故事、开玩笑。当和监督者交谈时，她会迅速切入正题，在五分钟内结束讨论。在和协调者交谈时，在正式引入谈论话题前，她会先和对方闲聊。

第四种能力的重要性是可以学习掌握的。你可以学习自己的风格，还需要学习如何破译别人的风格（通过网站 www. Straight- talk- now.com）。

领导者的五种特性

"来之前，这里的人我谁也不认识，"一位软件公司的 CEO 在一次 CEO 论坛上说道，"我想是由于运气、勇气和老天的安排，才让我来到了这里。"

确实，你不能为自己每一步行动都制定出精确的路线。但是，有五种意想不到的特性，却是与我合作过的每个伟大的领导者都拥有的。

不断成长。如果你看这些伟大领导者的履历，你就会发现他们经常变换职位，尤其是在职业生涯的初期。每隔三到四年，他们就会转向另外一个挑战。最后，他们还是会回归最初的选择。就像有人说的那样："他们需要不断成长。"这种成长给了他们丰富的视角，让他们能够在任何情况下进行有效的管理。

热爱阅读。如果你看这些领导者的床头柜，你就会发现他们都是一群如饥似渴的阅读者。阅读教会人们在不同层面和维度快速地处理信息。阅读能帮助领导者更清晰，更灵敏地处理事务。"老板的思维方式，让我不受灌木丛的阻碍，看到整片森林。"一位高管这样描述他的老板。

敢于解雇员工。成功的领导知道如何照顾他人，但不是以牺牲公司为代价。在事业早期，他们就证明他们能够承担解雇他人的责任。正如有人说的："我很幸运地有一项特殊的能力，这项能力让我在解雇他人的同时不会引起他们的怨恨。"

宽容。成功的领导人对不同的政治观点、宗教信仰和世界观都表现出高度的宽容。通常，他们已经对人们产生不同观点的原因有了充足的了解。当他们的观点和其他人的不一样时，他们心里也不会过分在意。优秀的领导者知道什么时候该参与到辩论中，什么时候这样做只是徒劳之举。如果问题与个人信仰和文化价值观相关，那么成功的领导者会表现出尊重和理解，在来自不同背景的人之间建立信任。

重视关系网。与他人相比较，成功的领导者更注重建立大型的关系网。这些关系网中的人，能够为领导者提供业务咨询，充当私人顾问或者成为单纯了解世界上其他地区正在发生什么事情的途径。如果领导者决定离职，也不会因此而对自己造成什么伤害，因为这个关系网会提供大量的工作机会。

领导力的四个悖论

>   当伟大的思想家直面"悖论"之时，也是宏大的思想孕育之时。
>
>   ——索伦·克尔凯郭尔（Søren Kierkegaard）

改变对所有人来说都很困难，对那些身处领导职位的人来说，可能更为困难，因为变革会导致企业发展方向的不确定性。我们视野中到处都有困难的存在，有时甚至陷入一种自相矛盾、进退维谷的境地。下面是四个我们不得不处理的例子，你应对它们的方法，将为你成为一位成功的领导者指明道路。

野心的平衡：真正的领导者是有野心的，但他们的野心是为比自己更伟大的事务服务的。著名的管理顾问彼得·德鲁克（Peter Drucker）将其描述为确定组织所需时的唯一焦点。路易斯·郭士纳接管 IBM 时，认为有必要对美国之外的大客户给予更多的关注。杰克·韦尔奇（Jack Welch）接手通用电气时，认为有必要将公司所有在市场上没有名列前茅的业务剥离出来。达尔文·史密斯（Darwin Smith）接手金佰利（Kimberly-Clark）时，认为有必要出售公司旗下的造纸厂，将关注点转移到纸制品业务的多样化上。不要误会，这些人都是雄心勃勃的。但更重要的是，这些人都确信自己知道组织要他们做的是什么，没有人告诉郭士纳、韦尔奇或者史密斯要做这些事。但他们每个人都有雄心去完成这些事情，同时，完成这些事也是客观上的需要。

假想陷阱：领导者需要做出艰难的抉择，但这些抉择几乎都是基于一系列的假想。社会中最为普遍的一种假想就是"我们都是强大的能力者，如果方法得当，我们能够解决任何问题"。我们假想自己能用意志力影响重大结果。我们假想自己有能力，并根据这个假想行事，进而坚决捍卫自己的假想。因为害怕会被人认为自己很愚蠢，即使面对反驳我们假想的证据，我们还是会继续捍卫我们的假想。如果说恐惧是杀死理智的凶手，那么假想就是驾着车逃离现场的帮凶。

解决假想悖论的方法就是承认工作中潜在的对自我暴露的恐惧，找到可以讨论假想和承认错误的勇气。这意味着你作为领导者，是第一个承认自己错误的人。就像老话说的那样，如果每个人都错了，那就没有人是正确的。但是，从另外一个方面说，如果所有人都对，也就没有错的人了，因为对与错的分别已经不存在了，你的行为也将为他人定下基调。

不同的世界观：要成为一名日益全球化和多样化时代的领导者，你需要拓宽自己视野，理解不同的世界观。西方的世界观让我们能理性看待这些变化。而我们的价值观对于充满不确定性和非理性的文化来说会很不适应。也许这就是为什么西方人喜欢电视上那些播放得很好的节目。在 60 分钟里，探讨方案，想出脱身之计，最终解决困境，观看这个过程实在让人备感欣慰。当我们面对某个问题时，我们的本能就是将其拆分开来，逐一分析，想出最好的解决方案。在面对世界时，假定世界本身是有序的、理性的，这并不是一个坏的策略。不幸的是，这种世界观会让人在面临复杂的变化、混乱或者需要以其他方式看待问题时，显得手足无措、难以应对。

除了西方的世界观之外，哲学家和社会学家已经确定了至少三种世界观，分别是东方式世界观、存在主义世界观和宗教世界观。

东方式世界观关注未知因素。这种世界观认为直觉和洞察力可以帮助我们挖掘更深层次的精神意义。其假定无意识的思维能够比理性思考获取更深、更有意义的见解。而且这种无意识的觉悟可以通过训练得以提升。在东方式的世界观中，人们的行为会受到不可见的精神力量的影响，他们的生活也被这个看不见的精神世界所笼罩。拥有这种世界观的人对深思冥想、平静的理性思维和对未知世界的个人体验有着很高的心理需求。拥有东方式世界观的人不相信复杂问题能够轻易解决。

第三种世界观是存在主义世界观。这种世界观认为人生作为一种人类体验，从根本上是无法解释的，但是人还是应当将自己参与的事情尽量做到最好，不管是在家庭中还是在社会上。这种世界观认为，人生的最高目标是直面自己的信仰，根据这些信念行事，创造基于这种信念的生活。存在主义思想家，比如索伦·克尔凯郭尔和让-保罗·萨特认为，人类被迫处于无法控制的境地时，除了找到对于每个人真正重要的意义之外，别无选择。这种世界观带来的必然结果就是，对你重要的意义对我来说可能一点都不重要。我们必须以自己的方式发现属于自己的真理。

第四种世界观是宗教世界观。这种世界观认为知识是通过信仰授予的，而这种神秘力量是来自上帝或者众神。在这种模式下生活的人们，对祈祷和宗教体验有深刻的心理需求，他们做决定的基础是他们的信仰和宗教传统。这种世界观赋予了宗教领袖巨大的权力。宗教领袖将外在世界的事件解释为上帝意愿的显露，并且通过宗教培训和教导来推广他们对上帝意愿的解释。

所有这四种世界观都共存于当今的企业、组织之中。要成为一名成功的领导者，你需要小心地在这些不同的价值观中穿行，驾驭其中的矛盾。良好的幽默感会助你一臂之力，但是建立一种不同世界观的人共同支持某种核心价值观的文化也是非常重要的（见第一章）。如何在拥有不同价值观的人群中建立起信任，将会考验你的领导力。

继任矛盾：人们常说，对一个领导者真正的考验是他离开后计划的执行状况。问题不在于你是否有继任计划，而是当周围有人有能力取代你登上舞台之时，你能干什么。这就是矛盾所在。

一些看上去最成功的领导者，也没能有效地解决这个矛盾。他们应付不了周围人取代其位置的挑战。一次又一次地，领导者不能正确解决继任矛盾的例子，我们已经看到太多了。

另一方面，我们也目睹了许多成功的伟大故事。在我们一位客户的公司中，CEO 身旁有许多能干的高级职员。公司的董事会因此确信，假如 CEO 发生什么变故，公司还有一批有价值的接班人能够顶替他的位置。另外一个例子是，一家建筑公司的 CEO 改变了公司的管理结构，给予三名有能力的同事收购公司股份的机会。

一旦放弃"自己是不可或缺的"这种想法，解决继任矛盾就变得很简单了。这是另外一种你需要克服的恐惧——对于未知的恐惧。从某种程度上来说，这一点很难做到，但是只要你想建立信任，这就是必须迈出的一步。

结论

为了成功领导，你需要拥有四种个人品质——激情、高尚、谦逊和幽默。我把这些品质叫作"4H"。你需要学习如何成为一个高效沟通者，如何有效地使用四种能力去控制自己的意图和注意力，需要展示情商，按照人们熟悉的沟通方式做出回应。

本章还讨论了为什么成功领导者需要适应矛盾：领导者的选择

是基于他们所表现的行为与他们文化价值之间的一致性。但是在一个全球化组织中这又意味着什么呢？关于领导力的想法和概念，会因为你所处的位置而有极大的不同：从一个国家到另外一个国家，从一间办公室到另外一间办公室，即便在同一栋建筑物内也是如此。成功的领导知道组织中存在着许多不同的文化和世界观，但是组织仍然需要一套自己的核心价值观。他们应优先确保组织文化中的核心价值观能够被每个员工和客户所了解。

当你把所有这些品质都融合在一起的时候，你就会得到一个词："整合"。这个词的字面含义是"完整的，未受损害的"。它传达了可信赖的概念，也可能意味着以与主流相反的方式思考和行动，用罗斯福的话来说就是"成为精神层面的领导"。

第六章
加速变革：
　　确保每一位成员参与变革

唐·温克勒（Don Winkler）是第一金融公司（Finance One）的前董事长。他曾被派往希腊，管理一家美国银行的子公司。当他到达雅典时，他发现这家银行正陷入困境：由于其顾客服务质量的差劲，很多客户关闭了他们在这家银行的账户。

　　温克勒知道他必须改变这家银行的企业文化。他也知道如果想要成功达到希腊籍管理者对员工的承诺，进行改变是不可或缺的。

　　他召集了几次自由讨论会议。最初，他在希腊管理者之间遇到了阻力。他们认为温克勒的到来是一种外部入侵，但是温克勒还是坚持留在了这里。

　　在进行 10 次会议之后，管理团队提出了一项计划。银行的希腊总裁决定将自己的办公桌移至银行大厅中，以此象征银行将改善客户服务质量的承诺。

　　在一次广告活动后，改变正式开始。客户走进银行的门，在大厅中看见银行的总裁坐在他桌子旁边。据温克勒后来讲述，一些令人惊讶的事情也是从那时开始发生的。银行总裁亲耳听到了顾客的抱怨。顾客们对银行服务的尖锐批评使他深受震撼。他告诉他的管理团队："我们必须做出改变，马上就要。"

银行总裁下令建立一套新的客户投诉系统，坚持所有员工都要接受培训，以便对客户的担心做出及时的回复，并要求客服团队直接向总裁汇报工作。随着客户服务水平的提高，银行的业务得到了复苏。在不到 6 个月的时间里，银行的服务水平就受到了客户们的交口称赞。在不到 5 年的时间里，银行实现了利润 5000% 的增长。[1]

在温克勒的故事中，我们的收获主要有两点：第一，你必须接近你的客户，了解真正发生的事情；第二，员工需要参与到加速变革的学习中去。温克勒的想法之所以能起作用，是因为他明白，只有员工们被给予了推动变革的知识和手段后，他们才有可能成为变革的推动者。就像温克勒说的那样："如果他们能识别出不断发生的细小变化，这些变化就能增加价值、提高效率、建立有竞争优势的领导力附增加利润。"只有这样的人才能加速变革的学习过程。

法则 6：加速变革步伐

在这个变革加速的时代，人们需要快速学习和快速适应。正如温克勒做的那样，建立必要的系统以实现变革，是领导者的工作。我将这样的系统称之为"学习循环"（Learning Loops）。成功的学习循环有三个特点：

（1）它们建立在明确的标准和目标上。

（2）人们有权做出一些调整以进行定期监督。

（3）及时沟通。

成功的领导者通过在整个组织内部建立学习循环让员工掌握技能和工具，从而不断地学习、适应以及引导变革。领导者还会清除那些隐藏阻碍组织进行学习的"无知循环"（Ignorance Loops）。

为什么要加速变革步伐

现在每个公司的领导者都生活在对破坏性创新的恐惧之中：新技术、新服务，或者新的政府政策，都可能使消费者完全绕过你的公司，从另外一家公司那里获得相同的服务和产品。在报纸行业，在线服务逐步夺取了报纸在分类广告领域近乎垄断的地位。在电话行业，手机打破了贝尔子公司（Baby Bells）的商业模式。在银行业，管制放松让零售银行开始向投资银行转变。同样的情况也在当今的能源行业内发生着。

为了激发企业适应创新的变革，使其不被淘汰，你需要加快变革步伐，让员工有能力进行思考，按策略行动。报纸行业知道变革即将来临，但看不到变革的程度，也未能对其做出应对。因为它看不到对现有业务进行合并、开展新业务的好处。正如一家报纸集团的 CEO 说的那样："我们不喜欢大规模的变化。"

在变革加速的时代，最好的方法就是把你的脚放在加速器上。哪个加速器呢？我称之为"学习加速器"（learning accelerator）。当学习发生时，变革也随之发生。如果你具备了正确的沟通和学习策略，你就会经历更高水平的信息分享：信任、创新和绩效。

学习循环

比尔·韦斯（Bill Weiss）是美国技术公司（Ameritech）的前 CEO，他曾描述了自己领导他人变革的经历："这是一场你需要先匀速跑完四圈的比赛，之后你才能逐渐提高速度。"

为了加速变革的步伐，领导者必须要将关注重点放在学习系统的创建上。这听起来容易，但是事实上并非如此。其原因就在于"学习循环"。学习循环有点像反馈循环，除了其目标是以最大速度达到组织变革。在 20 世纪 50 年代和 60 年代，丰田和现代都是实践学习循环的先驱。这两家企业的员工以团队的形式组织起来，并被授予了评估绩效和改进的权力。这个关于学习、创新和更高效率的"良性"周期，已经被许多生产部门纳入实践过程之中。我们的公司曾使许多客户对学习循环进行实践，我们还没有发现有一个行业，或者一个业务流程，在我们实施循环学习后，未得到提升的。

学习循环有三个重要因素：

学习循环需要有测量的东西（度量和目标）。 你如何评估客户满意度？如何评估服务可靠性、安全性，或者环保程度？如果你已经读了第一章，那么你就该知道这些度量标准应该和你的核心价值观联系在一起。你的度量标准要能被计算，能转换成为一个持续的系统和测量过程。你需要一个持续的测量周期来了解在某段时间内潮流的变化。

有关度量标准的实时或者近乎实时的交流，需要和授权人实施的变革同时发生。 要将正确讨论落到实处，并得到管理层明显的支持。要鼓励员工花时间来讨论数据，找出提升公司业绩的方法。要使员工相信，学习循环是为了产生变革，而非引发报复行为。每次学习循环会议开始时，一家银行的管理人员都会特意提到"不许报复"的规则。他说："只要是真心为了公司的利益，在这间屋子里说出的任何事情都不会受到报复。"

真正的变革是学习循环的结果。 仅仅产生想法是不够的。高级管理人员必须对产自学习循环论坛中的创新提供支持，并将其落实。

要对这些创新保持追踪，以确定它们是否成功，是否可以在整个组织内贯彻实行。

随着人们开始相信建立学习循环的目的不是为了惩罚谁，而是为了学习和适应变革，员工会体验到学习循环的力量，会看到真正的提升和改变。通常，这个过程是以不同团队的绩效比较开始的。我们的一位客户是一家收税机构，它在全州都设有地区办事处，并部署了不同的收税员和审计员队伍。在和我们合作实施学习循环后，他们开始对税务申报的及时性、收款效率和税务审计的有效性进行测量评估。随着时间的推移，各个团队开始谈论哪个地区在哪方面的业务更有效率，比如有些地区在税务审计上的效率高于平均水平。调查后表明，他们正在使用一种特定的建模工具，预测哪些审计产生的收入最多。之后，其他的地区也采用了相同的模式，整个组织的业务因此得到改善。

学习循环

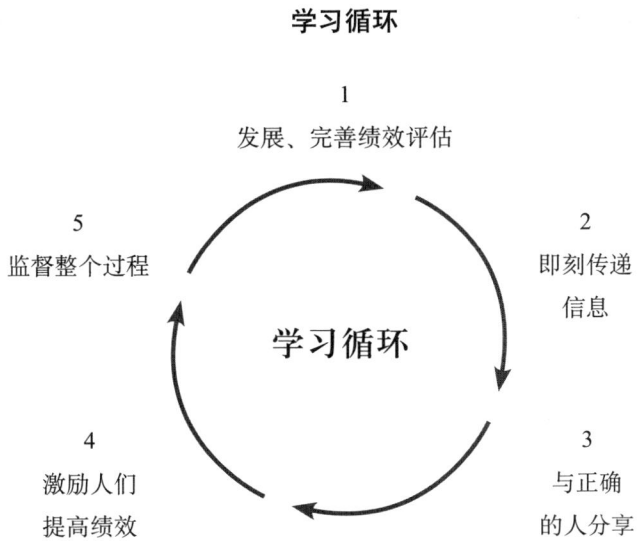

学习循环

1
发展、完善绩效评估

2
即刻传递
信息

3
与正确
的人分享

4
激励人们
提高绩效

5
监督整个过程

对话的角色

变革始于对话。为了实施变革，人们必须学会对话。问题是，许多领导忘记了他们的角色就是要创建一个对话场所，让人们能够在其中谈论自己的工作，探讨改进的地方并听取建议。没有对话，变革就不可能产生。

对话的重要性

人们经常问我高效组织的秘密是什么。我给了一个很让他们感到意外的答案：对话。作为咨询顾问，我们首先最为看重的就是对话的水平、质量，以及进行对话的人物。这里有一个典型的例子：

在加州的一家非营利组织中，其领导团队由 CEO、COO 和两名高级项目经理组成。他们每周进行一次会面。下一级领导团队则是由 10 名中层管理者组成的，他们也是每周进行一次会面。但是除了这些会面之外，一些跨部门行为并没有得到很好的协调。组织目标也没有达成。组织中缺乏问责和绩效措施。随着了解的深入，我们发现一位中层管理者曾被任命为高层领导的"联络官"。她的工作就是向领导者反映问题，再将解决方案带回来。

我们组织了一次领导者间的会议，询问他们这个系统效用如何。COO 讲道："坦白讲，这很难说，我们想让下面的员工能够主动对话，这样他们就能自发形成一个配合默契的团队。"CEO 说道："或许如此，但是事情并未如我们想象的那样发展，这就是问题所在。"

我们提出，"联络官"的存在使问责的界限变得模糊不清。我们建议取消中层管理者的会面，代之以高层领导和中层管理者间每两周进行一次会面。CEO 或 COO 其中一人必须出席会议，会议重点应该

放在结果上，要找到问题所在及其产生原因。要谈论你们的商业计划正在得到什么样的结果，以及为了改进结果需要采取的措施。这些是会谈唯一关注的。

　　CEO 接受了这个想法，并在想法提出的第二个月就予以实施。很快，中层管理者对人员编制的忧虑开始浮出水面。之前资源没有共享的现象也凸显出来。随后，"联络官"说自己很高兴不必夹在中间了；CEO 开始向下属提出一些棘手的问题；管理者们开始关注绩效而非像之前只是清点一下人数；一位地区主管被解职；六个月后，其他地区的业务表现出明显的增长。

　　与此相似的情况我们已经看过很多次了。虽然细节上有所不同，但在所有重视对话的组织（正确的人之间的正确对话）中，信任、问责、绩效和成功也一并存在。

　　这些对话的特点是什么？首先，它们是诚实的。在这些对话中，说出自己的想法或挑战现状的话都不会受到惩罚。其次，这些讨论是以数据为根据的。当人们自由地说出自己的想法时，支持其想法的推理和数据也要接受检验。第三，对话不应只是与工作有关，对话就是工作。真正的变革就是从对话开始。

　　如果员工不能参与到真正诚实的对话中，组织会失去创造力，员工们也会感到沮丧。管理者们经常挠头，奇怪为什么组织中的信任度会这么低，为什么找不到创新的存在。答案很简单：组织的领导者们没有创造出一种参与方式，以激励人们学习，并在工作中倾注全力。

有一种管理者会本能地压制对话。他们对企业的运营是出于个人控制欲的需要，总是试图胁迫他人的行为。他们告诉员工，自己希望质量提高5%，产量提高10%，而不是创建对话场所和机会，让员工谈论组织系统的运行状况，发现问题，提出解决方案。这些管理者总是让人失望，而他们的组织也和他们一样。

诚实和公开的参与对一个高效的组织至关重要。优秀的领导了解这一点，所以他们会创建对话论坛，鼓励人们进行改变。

学习循环存在的问题

从本质上来说，学习循环应该将公司前线人员囊括其中，因为他们是最终完成变革的人。只要这些人相信管理层，那么引入学习循环也会变得容易得多。如果前线人员不信任管理层，那么引入学习循环就会变得极其困难。人们会怀疑引入学习循环并非真正为了学习，而是要剔除那些表现不佳的团队和个人。人们会抱成一团，抵制那些试图对其工作成效进行评估的人。当我们遭遇这种不信任时，就要暂停学习循环的引入。我们可以回到本书前四章所描述的技能中，从那里开始。学习循环一定要建立在信任的基础之上。不要强迫别人进行学习——学习必须成为一种自愿的选择。

只有人们肯花时间分享信息，讨论如何提高绩效，学习循环才是有用的。让来自不同部门的管理者和团队成员聚在一起，可能存在问题。"我们公司内部的问题十有八九都是由于部门间看不见的障碍造成的。"一位管理者说。之前没有进行过良好交流的管理者最有可能感受到学习循环的威胁。他们会拒绝公开关键数据，在参与公开讨论时也显得心不在焉。总之，他们会找到各种各样的借口，不参与到这一过程之中。然而，一旦部门间的沟通障碍被打破，绩效上的最大收益也会随之而来。

阻碍的第一个标志就是围绕着部门间信息分享存在的。人们会通过邮件来分享绩效信息，而非通过对话来讨论和学习。作为一名领导者，你不能让这种情况发生。为了学习，人们必须进行对话。同时这也是建立信任的应有之义。这种对沟通的投入对于某些人来说可能难以接受。高层领导者应该明确支持这一过程，突出这样做带来的好处。高层领导者要不断声援这一过程，展示学习循环和加速变革之间的联系。

领导者们需要为即将发生的讨论制定模板：他们要提出棘手的问题，小心潜在的危险，询问事情未按预期发展的原因。下面是我们希望看到的一些棘手问题：

"我们目前参与的活动中，有哪些消耗了大量的资源，却对我们的业绩几乎未产生影响？"

"有哪些活动对我们业绩影响最大，却未得到足够资源的支持？"

"面对压力，我们如何在业绩上实现5%的提高？又如何实现10%的提高？"

"有哪些部门间隔阂被弥合后，就能轻松改善沟通状况？"

"如果我们在一个部门，有哪些事情是现在可以做而不在一个部门时做不到的？"

让学习循环发挥作用

以下是一些要使学习循环发挥作用的额外注意事项。

学习循环应该讲求时效性。对于正在发生的事情，人们应该尽快地掌握其状况。仅仅是年度性的业务升级是不够的；仅仅通过邮件发送报告，或者在网上公布也是不够的。团队需要更贴近实时的信息，思考其可能带来的影响，讨论解决方案并且分享各自想法。只要一得到信息，就应该立即反馈，这样就可以对其进行讨论，找到调整业务实践、实现提升的方法。这就是学习循环如何发挥作用的。

CarMax 是一家二手车连锁超市，其前 CEO 奥斯汀·利根（Austin Ligon）会定期与员工举行会议，分享最新的业务信息。他会问："有哪些我们正在做的事是愚蠢的，不必要的或者没有意义的？应该如何提高我们业绩？"他会亲自参加这些公开讨论，确保每个想法都被记录了下来，并得到了回应。学习循环应该贯彻于整个组织之中，不要把它们限制在高层之中。前线团队应该谈论哪些目标正在逐渐实现，或者哪些没有。前线的主管们应该能尽快得到信息，分享给团队。改进的想法应该浮出水面。每个主管和管理者都应该对学习循环过程予以支持。那些不能分享信息，促进良好讨论的主管应该接受培训；那些不能对学习循环提供支持的人应该被清除出领导团队。

在一家全球的 IT 方案解决公司中，CEO 要求其高级领导者每月参加一次业绩评估会议。每个领导必须说明自己上个月学了哪些内容，以及这些学习又是如何影响自己的工作方法的。他们应该准备一张大型图表，以显示最近的数据，相关内容应该有准时配送、要求变更、遵守预算和客户投诉。所有的结果都应该反映在上面。管理者再也不能掩盖自己的不足或者责怪别人，因为每个相关人物都在现场。

记下出现于学习循环过程中的成功改进思路，并在组织中进行宣传，这样每个人都能意识到正在发生的是什么，了解事情发展的每个阶段，知道变革的步伐正在加速。在我们一家客户的公司里，部门经理会每个月制作一个视频，以凸显人们的建议，强调有些想法已经产生了重要影响。

学习循环应该由"向前"（forward）指标和"滞后"（lagging）指标组成。实现既定的财务目标是绩效的一个落后指标，因为在结果方面几乎没有什么预测价值。向前指标指的是诸如显示哪些客户在购买新产品的营销数据，或者显示人们对你公司更信任的数据。客户行为数据是最具前瞻性的指标之一。在美国西部一家汽车零部件商店，商店管理者评估业绩的标准是顾客提供反馈的频率。"为什么要这样做呢？我们希望鼓励管理者找出获取反馈的方法，这样他们能够了解到顾客的想法。"CEO格雷格·邓恩（Greg Dunn）这样说，"如果这意味他们需要走到外面，公开拉客，那也没问题。我们要的就是与顾客的对话。"

不满的顾客可能让你感到头疼，但是他们同时也会给你大量的优质信息。在戈尔特斯（GORE-TEX）面料生产商美国戈尔公司（W.L.Gore），管理者们每个月要和顾客们进行一次会面，讨论顾客所遇到的问题。这些信息会立即与员工们分享，再由其深入挖掘，发现潜在的原因，将业务做得更好。

当这些环节设计得好时，学习循环就会自然而然地激发变革的产生。想一想，当你正在高速公路上加速时，从倒车镜中看到一辆警车，你会做何反应。你的大脑将车速表上的数据与高速公路上的速度限制进行比较，同时立即向你的脚发布一则信息让车减速。所有的这一切都发生在不到一秒钟之间。换句话说就是，与业绩相关的数据已经在被授权人之间进行了即时分享。

如果管理得当，观看学习循环的行为本身就是为那些不能及时参与其中的人而设的循环学习。他们能够看到正在发生的交谈过程，正在公开分享的信息和正在发生的变革。他们认识到一个简单的事实：如果他们不参与到组织活动中，他们就相当于得到一张组织的超速罚款条。

只要有可供使用的信息和提升业绩的动力，人们就能学习得更快。哲学家埃里克·霍弗（Eric Hoffer）曾说过："在这个变革的时代，世界是属于学习者的，而学到的内容虽然精美，却是关于一个不再存在的世界。"[2]

有一则谚语："不确定是不舒服的，而确定则是愚蠢的。"建立学习循环的领导者要让组织专注于不断的学习和改进。这有时可能会让人感到不适，但重视学习会促使信任的建立和一个高效组织的产生。

无知循环

"学习循环"的反面就是"无知循环"。当人们总是假装自己知道答案，并避免进一步寻找时，"无知循环"就产生了。如果他们的假想没有受到挑战，结果就是一个"无知循环"：一个强化无知的反馈系统。

下面是一个运转中的图表。在这个案例中，一位首席执行官想要先解决销售量下滑的问题，为此他还开除了自己的销售经理。当价格还保持下跌时，他为了继续捍卫自己解雇销售经理的决定，说产品一定出了问题。换句话说，他不再听数据，他正在保卫他的决定。循环会一直继续下去，直到有人提供更好的数据和交流来打破这个循环。

无知循环

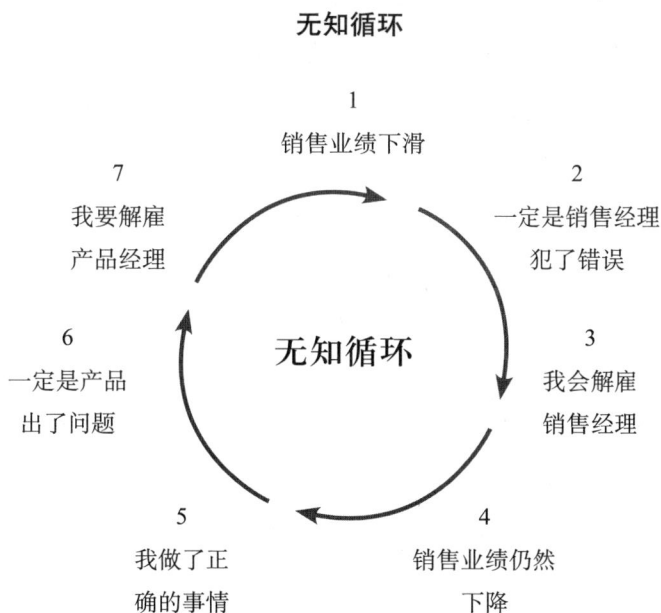

无知循环

1
销售业绩下滑

2
一定是销售经理
犯了错误

3
我会解雇
销售经理

4
销售业绩仍然
下降

5
我做了正
确的事情

6
一定是产品
出了问题

7
我要解雇
产品经理

无知循环意味着当我们做出一个决定，我们就选取了支持决定的数据和证据，我们本能地对信息进行了选择性的分类，来加强我们的"正确性"。这种认知失调是心理学家们非常熟悉的。一旦我们买了房子或者汽车，不管价格如何，我们都会选择那些证明我们做出了一个好决定的数据。除非我们对我们的假想非常熟悉，否则我们一般会忽视那些表明我们做出了错误决定的数据（除非或者知道这些证据变得再明显不过的时候）。

领导者面临的最大挑战之一就是消除无知循环的存在。当瑞格·墨菲（Reg Murphy）在《国家地理杂志》（*National Geographic*）担任 CEO 时，他每周五早晨都要与管理团队进行定期会面。开会的目的就是挑战人们的思想观念。瑞格指示他的高管团队要准备好学习，不管学习的内容多么具有挑战性，进行会议的原则是："聊一聊我们这周比上周多知道了哪些事情。"

参加会议的人很快了解到，他们需要在会议上提出有依据的数据，而非他们的假想。他们要对市场营销数据，财务业绩和竞争趋势展开广泛的讨论。在会议上分享之前，人们不得对数据发表任何见解。

用这种方法，瑞格·墨菲给《国家地理》带来了新的文化。他观察到有些人的性格要比其他人强势。如果《国家地理》想成功转型成为一家新的企业，瑞格需要用学习循环替代个性驱动的"无知循环"。

如果发现下面的迹象，就意味着你已经陷入了无知循环：

- 我们雇不起最好的人。
- 我们要节约现金，我们支付不起新项目的开销。
- 虽然这次促销活动没有像上次那样有效，但是我们相信下次会有效的。
- 我们正处于和竞争对手的争斗中，无法改变现有的人员安排。
- 为了在截止日期前完成任务，出现错误不可避免。

无论在哪里，你都会看到无知循环强化平庸表现的例子。正如我在上一章中指出的那样，研究表明，人们总是把自己想象得比实际更能干。不管是开车，驾驭新工作，还是玩游戏，人们总是自我欺骗，让自己相信自己在工作中比实际做得更好。追寻自我和假想，是人类永恒的命运。假想为我们的世界增添了更多的色彩，放大了我们经历中某个方面，对我们所说所做的一切进行过滤。至少在认知层面上，假想就是我们自己。

那你应该怎么反抗无知循环呢？对付其最好的方法就是利用大量的学习循环。如果某个研发团队在开发新产品时遇到了困难，就让他们建立一个用户群：定期和用户见面。如果听到营销人员说无法提高市场份额时，让他首先和你最大的客户见面，询问公司应该怎样做才能提高市场份额，之后制订出一份计划。要挑战人们的想象力。提出"如果"式问题，促使人们进行创造性的思考。让员工和顾客交流，收集客观的数据。

如果容忍无知循环，人们会迅速失去清晰思考的能力。"群体思考"（Groupthink）开始接管人的大脑，奇怪的假想开始显露出来。例如，一家生物科技公司的CEO每周六都喜欢骑自行车外出，他还邀请别人加入自己，结果，公司的几位高管以为CEO喜欢骑自行车，于是几个高级助理花费数千美元购买了自行车骑行装备，因为他们都想赢得CEO的关注和提拔。事实上，加入"自行车俱乐部"是晋升途径的传闻已经在公司内部传开了。但之后CEO在"自行车俱乐部"之外选取了一名继任者，当时人们的震惊程度可想而知。"我只是觉得我们需要注入新鲜的血液。"CEO说道。

另外一个例子：一家办公用品公司的三名领导者想在组织中培养一种紧密团结的家庭式文化。为了达到目的，他们雇用了一名咨询师，咨询师建议让员工形成团队，分别负责四个不同的领域：市场营销，人力资源、促销活动和销售。

这些团队每个月开一次会。当营销活动需要一本小册子时，营销团队需要在其印刷前达成一致；当促销活动需要加入新的产品时，促销团队需要达成共识；当人力资源需要一个辅导项目时，人力资源团队要对项目进行设计。人们似乎很高兴参与其中，领导者很高兴自己组织中出现了一种亲密的家庭式文化。

之后，市场中出现了竞争者。这家公司丢失了三名顾客，之后是四名、五名。领导者将各个团队召集到一起，寻求解决办法。"把它交给营销团队吧。"有人建议道。但是市场营销团队并不知道该怎么办。领导者挤在一起，同样不知所措，无法进行任何决策。

为了解决问题，他们又雇用了一个新咨询团队，就是我们的公司。我们做了一份情况评估报告。很快，问题的根源显现出来，是因为无知循环的干预。每个人都认为："只有在我们团队间达成共识后才能做出决定。如果没有达成共识，那么我们就不能再继续前进了。"

在 12 个月的时间中，我们帮助这家公司进行了精心的调整，实现了其文化的转变。公司解散了之前的四个团队，让新的管理人员担任重要角色，摆脱了之前共识文化的困扰。我们建立了一种不同的文化，把公司的战略重点放在了扩大套装服务上面。授权得到澄清，学习循环得以启动。两年之内，公司的收入和利润都创下了新高。

员工呢？公司内部调查显示，人们很高兴各自的职责都得到了明确，他们不必在会议上浪费许多时间了。

隐藏的学习循环

　　每个组织都有"隐藏的学习循环"。这些信息网能够向员工发送各种强有力的信号。谁有机会接触到老板？谁不用担心自己的预算？谁本性易怒？所有的这些都会传递出强大的信息，并且创造出组织中隐藏的学习循环。

　　想想身份地位的问题。人们总是寻找着彼此所处位置之间关系的暗示。在古代，人们用护身符和珠宝识别各自的身份。在现代组织中，人们则是通过与老板的接触程度来辨别身份。想建立高效组织的成功领导者，为了理解人们对于身份的追求，你可以按照下面的方式进行处理：

　　首先，领导者要证明自己是能够被接近的。他们从角落办公室（Corner office）搬出来，这样的布局意在表明："这里的每个人都属于同一个团体。"

　　一旦领导者以这种形式出现在公开场所，他们就已经与每个人建立了实际联系。伟大的领导者不会躲在电子邮件后面，或者将"面对面的时间"（face time）限定为每周一次。相反，他们会走到办公楼的每一层，和不同的人交谈，询问人们的工作进展状况，对改进想法进行交流。这个过程中，他们让每个人都了解到："我的大门是敞开的。如果你有什么想谈的话，直接来找我就行。"

　　更进一步，领导者会剥离不必要的身份标志。私人餐厅、专用停车库和管理人员专用电梯，都是一种象征着"我们和他们不一样"的管理理念。

这里有一些你需要当心的隐藏的学习循环：

- 人力资源：不同的部门间相似工作的薪水范围是否相当？
- 资本资源：谁得到了最新的电脑？最好的办公桌？
- 头衔：这些头衔是如何分配的？这么做是否有必要？
- 办公室布局：谁离老板最近？这有意义吗？是否该让大家轮换着坐？
- 办公室空间：谁该有私人的办公空间？你应该有吗？
- 餐厅：真的有必要设立一个管理人员专用餐厅吗？
- 俱乐部：谁有权利进入这个俱乐部？为什么？
- 着装要求：每个人都要穿同样的制服吗？
- 获取财务信息：谁能看到损益表？为什么不是每个人都能看到？

从本质上说，所有这些例子都是一个隐藏的学习循环，会强化某些人比其他人要好，或者更有资格的想法。这些学习循环会发出强有力的信息，它们可能不是你想让组织收到的信息。

改变信任方程式

有些人天生不愿改变，而有些人则拥抱改变。为了加速变革的步伐，你需要改变"信任方程式"。

在引言部分，我已经讨论过了信任是如何取决于可预见的期望的。如果我为你做了某些事，那么我期望能得到同样的回报。这就是互惠利他主义的原则，是信任的根源。改变信任方程式意味着用鼓励变革的互惠机制给工作场所带来动力，而不是带来破坏。

首先，人们需要相信，变革会给公司的业务方式带来全面的提升。在苹果公司，推动其获得重大增长的是其对客户的不懈关注。苹果前 CEO 史蒂夫·乔布斯创造了这样一种文化，通过对新方式的不断尝试，为客户带来惊喜和愉悦。

英特尔是另一个致力于不断变革的例子。在每个新项目开始时，雇员们都会为在项目团队中的位置展开竞争。那些能带来最好主意并掌握有效技巧的人才能被选中。那些未被选中的人就会没有工作。正是这种"适者生存"的法则为英特尔创造了一种持续改变、创新和成功的文化。

最后，加快变革步伐的最有力的方法就是让人们参与到真正、诚实的讨论中。一旦人们理解了为什么持续的变革对企业未来成功非常重要时，就会激发出一种主人翁意识。这跟补偿无关，而是要逐渐培养一种目标感。一旦人们看到对于企业成功真正必不可少的东西，就会释放出提升的自然动力。

脑中有了这个想法后，领导者的工作就是确保这个诚实的谈话能够在整个组织内定期发生。这意味要重新调整自己，认识到建立沟通系统是你能做到的最重要的事情。

变革的三个级别

变革发生在企业的不同层面：战略层面、流程层面和人员层面。能够在这三个层面加速变革的企业就能胜过其他企业，并将这种优势传递下去。

三个层面的加速变革

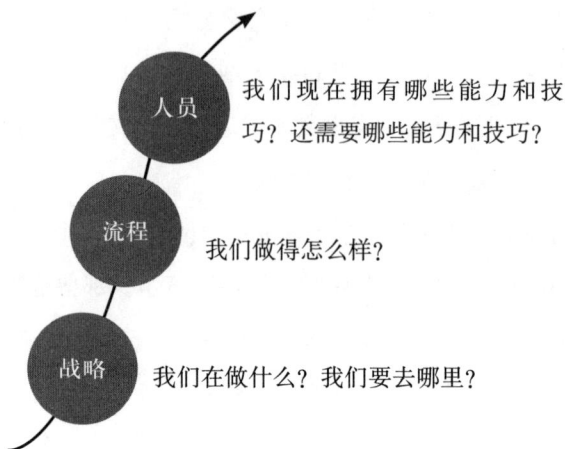

人员　我们现在拥有哪些能力和技巧？还需要哪些能力和技巧？

流程　我们做得怎么样？

战略　我们在做什么？我们要去哪里？

在战略层面，领导者应不断地审视环境，确定如何最大限度地利用优势和机遇，如何最大限度地缩小弱点和威胁，如何应对可能中断的业务模式。他们应该对如何最好地部署资源以利用机会和应对威胁进行诚实而公开的讨论。他们应该在如何更好地服务于顾客方面设立优先项，并且在服务、产品、业务线、组织能力和结构方面进行必要的调整。

在流程层面，人们应该对流程进行打磨，以确保它们能够尽可能地有效和高效。人们应该对业绩进行监控，做出相关的调整，以提高质量、缩短周期时间、完善资源的利用。每次帮助我们的客户对他们的业务流程进行打磨时，我们都有一系列明确的步骤。后面的图表将会对这八个步骤进行描述。

最后，在人员层面，团队和雇员要不断地了解他们被寄予什么期望，要获得关于他们哪里做得好以及哪里需要改进的信息反馈，并且接受培训、指导和训练以提高效率。这个层面的变革有赖于对期望的定期交流、频繁的反馈（包括赞赏性和建设性的）和训练。

168

权力来源和利益相关者

在考虑参与变革的人选的时候，考虑一下"权力来源"和"利益相关者"。权力来源指的是组织中有重要影响力的人，他们掌控着变革所需的资源，能够提供资金、原材料、教育、专业知识和政治支持。如果你想成功的话，就要首先让"权力来源"参与进来。

利益相关者是那些在变革发生时，获得收益或者经受损失的人。从内部来说，指的是那些相关领域的管理者和雇员。从外部来说，他们可能是客户、消费者群体、游说团体、合作伙伴和其他支持者。成功的变革管理者能够在变革过程早期就识别出可能的利益受损者，并且让他们参与到变革过程中来。如果这样不起作用，那么管理者会尝试去中和他们的效用。找到其他有影响力的拥护者，让他们掌控局势，或者单单让他们的声音变得更轻柔，就可以提供巨大的帮助。当利益相关者被组织起来时，就能产生很大的影响力，比如工会，让他们及早参与进来，成为变革过程的一部分，这对于组织的成功十分重要。

执行流程的八个关键步骤

步骤	关键点
1. 用你的核心价值观、目的和愿景检验你的过程。	除非你已经拥有了一个好的战略焦点，否则不要开启这个过程。
2. 确定你想要的结果和做出变革的原因。	确保能就所有的事情和受影响人群保持公开的交流。这是协调的开始。

步骤	关键点
3. 确定明确的拥护者或拥护团体。	拥护者需要破除变革的阻力。
4. 确定交付成果的顺序，以及进度和时间。	不要随意开始这个过程，直到你了解你前进的方向。
5. 确定资源充足，能使工作顺利完成。	不要低估专业咨询顾问的价值。他们能让你以更少的代价，更快地完成目标。
6. 任命一个规划团队，负责工作的掌控实施。	让那些负责这份工作的人，与拥护者协商，是否要改进、重新设计或取消某个过程。
7. 让可测量的标准推动新流程的成功。	你就是自己所衡量的内容。将过程与客户满意度、成本、收入和利润联系起来。
8. 始终保持对进度的沟通。	通过告知人们正在发生的事情和将要变化的事情，确保组织的行为一致。

变革的过程

本章都是关于变革的内容。到目前为止，我已经关注了如何使用学习循环加速组织内部的有机变化。在关于变革的一章中，如果我没有谈论成功管理者普遍具有的组织变革技巧，那就是我不负责。如何让整个组织有效地从一种业务思考方式转向另外一种方式？如何从组织的顶层推动战略，以便其能够得到真正的贯彻和实施？如何完善变革流程？

如下图所示，一个成功的变革过程有七个阶段。让我们仔细看看每个阶段的状况。

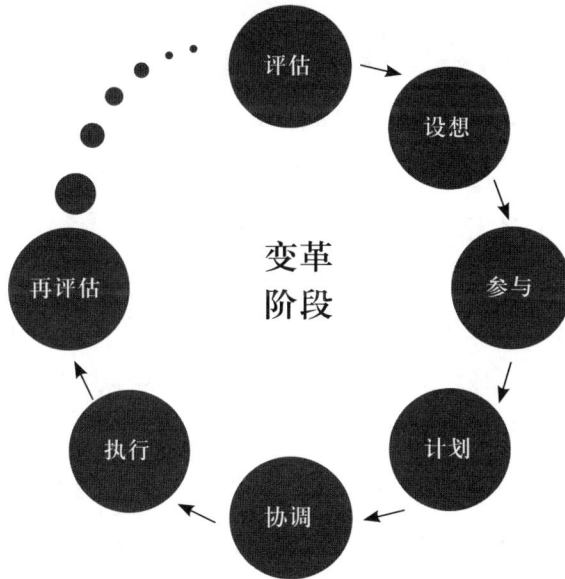

变革
阶段

（图中各圆圈标注：评估、设想、参与、计划、协调、执行、再评估）

1. **评估现状**。在任何变革过程中的第一步都是对现状不可接受的一系列因素达成一致。你对于为什么不可接受现状的阐述，将成为改变的理由。例如，如果你认为市场份额下降是不可接受的，那么改变的理由应该是重新获得市场统治地位。公司领导者需要对这个理由完全认可。

2. **设想未来**。下一步就是对自己想要的未来进行设想。你的愿景应该给你的客户和公司的业绩带来双赢。如果设想是关于整个组织变革的，那么这个愿景必须来自公司的 CEO 和高级管理层。

3. **让人们参与变革**。第三步就是让管理者和员工参与到实施变革的规划中。这个规划过程应该由主要管理者开启，包括前线人员在内的所有工作人员都应该参与进来。

4. **制订计划**。第四步就是制订一份书面计划，记录为了实施期望中的改变所采取的策略和行动步骤。这份文件应该受到公司领导层的广泛认可和拥护。

5. **协调人员**。一旦高级领导者们批准了这份计划，确保每个人都能明白为了变革所采取的具体策略。要通过向上、向下和全方位的沟通，确保这一点的实现。管理者在这个沟通过程中扮演着非常重要的角色，这个在变革过程中经常被遗忘。所有受计划影响的管理者都需要拥护这种变革。

6. **按照计划行事**。在这个阶段，人们必须努力实现计划中的目标。确保学习循环到位，以便人们能对计划是否达到了想要的结果进行追踪。如果设想结果出现了额外的销售额，那么是销售额上涨了吗？如果设想结果是节省开支，确保人们能对其进行追踪。

7. **评估结果，再评估自己身处的状况**。在最后的阶段，你需要评估结果。你需要对期望的结果和没有看到或注意到的后果都进行追踪。比如，当我们的一位客户重新设计其销售流程时，曾预计它能够降低公司的整体成本。但是接下来的分析表明，这些成本并没有消失，它们只是转移到了其他部门。管理层花了相当多的时间去分析哪些节省是真实的，哪些只是幻象。

简而言之，这就是变革的过程。现在让我们看一下成功的关键因素。

关键因素一：组建强大的规划队伍

有效变革的关键是组建一个有影响力、有效率的规划小组，这个小组应该代表广泛的利益。我已经谈到了权力来源和利益相关者。不要将这个小组变得太大。小组成员 10 到 13 人为最佳。更重要的是，让每个人都参与到谈话中是很困难的。在你组建团队时，除了参与者不同的权力和影响力之外，还需要考虑以下这些因素：

•多种观点——熟悉某个问题的人应该和解决方案中涉及利益较少的人结合起来。

•代表——团队中的代表必须来自组织各个层面，确保没有主要利益的代表者被忽略。这样就不会有人对你说："你的这个团队中没有人能代表我们。"

•团队流程中的技巧——选择那些愿意花时间倾听和理解他人观点的人，他们同时也应该是自我主张的倡导者。

•多种沟通风格——善于分析和更依赖直觉的人都应该出现在团队中。[3] 少一些坚定自信的声音，多一点爱钻研的好奇心。

关键因素二：管理决策过程

一旦团队就位后，成员们需要决定参与规则，确保自己在实际工作开始之前，就已经对整个决策过程以及各自的决策角色有了充分的了解。正如我在第四章中讨论的那样，规划团队的决策责任必须明晰。否则，你的变革过程将无人理解，而且很难追踪和管理。

团队的作用是给高层领导提供待批准的详细建议？团队间有没有达成共识？有没有最终结论？谁拥有最终决定权？是董事会还是 CEO，又或者是其他的管理者和管理团队？要确保决策角色是清晰的。

关键因素三：提供必要时间

当我们告知一位政府机构的主要负责人：为他的组织制定一份战略规划需要六个月的时间时，他显得很惊讶。"我只想知道职员的目标，"他说，"为什么要花这么长的时间？"

真正的变革是需要时间的。人们需要时间分析并确定组织的优
先任务；需要时间处理复杂的数据，做出不同的设想；需要时间对
一系列行动方案达成共识。在时间上的投入将会在承诺期限之前或
之后结果的关注度上获得 10 倍的回报。

关键因素四：聘请一名熟练的引导者

聘请一名熟练的引导者的主要原因是，确保讨论始终保持在正
轨上，并且保证每个人的意见都可以被听到。规划团队的成员应该
对选择小组成员成为引导者的标准仔细斟酌。引导者应该保持中立，
不应该因为担心丢失工作而受到阻碍。外部的引导者能够保证中立，
同时为变革带来丰富的经验。这有利于创造出一种积极信任的氛围，
在这种氛围中，每个人都能自由地表达个人的观点。

一个熟练的引导者应该有助于确保你制定出一个更有效的变革
程序。就像船上的引航员帮助绘制航线图一样，一个熟练的引导者
能够帮助你在参与和速度中间取得良好的平衡。引导者应该始终能
够为团体提供方向，将每个步骤都放入具体背景之中。

一个熟练的引导者会帮助你抓住最重要的想法并将它们组织起
来。最终，他或她应该能帮助你起草文件，比如战略计划和行动方
案等。

关键因素五：重点关注优先事项

绝大多数人和组织只能每次理解掌握一到两项重大变革举措。
在对变革过程进行管理时，要首先集中于一个、两个或者三个优先
事项，将其他的延后处理。

确立优先项的最佳方法是，首先分析某个特定的目标或优先项能否列在最高位置。如果分析没有得出最佳答案，那么就进行更加深入的分析。规划团队应该问这样的问题：实施我们正在考虑的每个方案会产生多少成本和收益？如何做才能以最低的成本，对我们客户和企业的长久成功产生最大的影响？你不需要一个详细的成本效益分析，你需要的是一份合理的评估，看到哪个方案拥有最大的优点。

影响矩阵

	低←实施难度→高	
高↑影响↓低	**计划** ·需要研究 ·通常值得研究	**立即行动** ·尽快去做 ·通常值得去做
	放弃 ·不要浪费自己的时间	**考虑** ·或许值得做

关键因素六：保持对拥护者的关注

在任何组织变革过程中，对领导者持续的关注和拥护是至关重要的。如果规划团队遇到了阻力，就需要向最高领导者寻求帮助。如果这个时候得不到支持呢？规划团队要么等待新支持的出现，要么解散队伍。如果想要变革实现，想变得有意义，来自公司高层的支持必不可少。如果支持消失，也就没有继续前进的意义了。

结论

••

往复式发动机的特别之处就在于活塞和气缸的循环活动，每次向下的运动都会给活塞杆施加一个作用力，在下一个循环中将燃料吸入汽缸中。而一个学习型组织建立的秘诀就是创造一台加速变革的发动机。向下的运动，就是将价值传递给客户，同时将来自客户的信息和情报带给组织，在下一个循环中快速将其消化。

之所以这么说的原因很简单：高效的关键就是创造学习循环，从而激发创造性过程的出现。最好的学习循环就像大脑，接收数据，对压力做出反应，最重要的是不断地进行学习和适应。虽然想法简单，但是实施起来却很难，尤其是在充满竞争的组织中，管理者们更多的是将信息隐藏起来，而不是分享出去。这是组织面临的最大挑战，但也是领导者能够做到的最有价值的事情之一。

正如我们一直在向领导者转变一样,我们也一直处于变革之中。作为一名领导，你面临的挑战是确保组织中的每个人都成为变革活动的一部分，能够加速组织的变革。有时候，变革需要拆毁桥梁，撕下老旧组织的象征痕迹。有时候，变革意味着人们要加入一个新团队，创建一份新工作，或者离开，就像在英特尔一样。通常变革意味着让人们谈论那些最初不愿提及的话题。

最重要的是，加速变革步伐需要对自己进行不同方式的管理。它意味着你需要对自己的长处和短处有越来越清醒的认识，面对你要按照新方式行动以建立信任和激发创造力的痛苦事实。

176

第七章

激发创新：

深入挖掘员工的才能

在 2003 年，由北加利福尼亚萨特医院 400 名员工组成的团队发起了一项活动，目的是想要赢得马尔科姆·鲍德里奇国家质量奖（Malcolm Baldrige National Quality Award）。团队由医院的首席行政官珍妮特·瓦格纳（Janet Wagner）带领，向自己提出了这些问题："我们最擅长做什么？我们想要擅长什么？我们的核心能力是什么？"之后，他们得出了结论，那就是他们的"关怀文化"，即"我们是如何关怀彼此、关怀病人、关怀医生和关怀社区的"。

瓦格纳聘请了一个咨询师团队，帮助他们制定出一系列与关怀文化相关的具体行为方案。但是这个项目遭遇了阻碍。一名夜班护士找到瓦格纳，说："我想我的同事们没有理解这个方案。"瓦格纳让她说明详细情况。"有时候，高管们会谈论关怀，商量着如何开展关怀，但他们并没有真正地把这些点和每个前线员工连接起来。"

瓦格纳对此重新进行了评估。她询问夜班护士卡罗琳·坎波斯（Carolyn Campos）是否愿意和她的同事们一起制定关怀标准。卡罗琳同意了。卡罗琳和她的同事们想出了 10 种行为标准。之后，卡罗琳为所有前线员工开发了一套训练模式，帮助他们拓展了自己的理解力。护士们要不断地练习这些被期盼的行为，直到使之变成他们的第二天性。对于这种方法是如何刺激员工行为发生全面改变的，瓦格纳举了个例子。一位在重症监护室的病人的生命正在逐渐消逝，她的梦想是去欧洲看花园。但是医护人员知道她去不了欧洲了。于是，他们就找来了许多带有欧洲花园图片的书，让这些她爱的东西围绕着她。

法则 7：激发创造之流

成功的领导者知道幸福与工作之间的联系，并创造出鼓励人们创新和开辟创造之流的工作场所。在领导力文化中，人们被赋予了承担责任和完成任务的期望。他们觉得在尝试新事物方面，自己受到了支持，而不是被进行了微观管理。当你激发了人们的创造之流，人们会踏出自己的安全领域，深入挖掘个人的才能和精力。他们会将创造性的想法应用到问题的解决过程中，在短时间内就能取得显著的效果。

在这个项目发起 10 年后，珍妮特·瓦格纳和她的团队赢得了鲍德里奇奖。虽然项目最初是为了获奖发起的，但瓦格纳说这些经历教会了她更重要的东西：需要将员工的价值信念系统连接起来，建立一个持续改进的框架，所有的这些都是为了激发创造之流。

创新的动力

本章探讨的是创新的根源。正如你现在应该知道的那样，领导力方程式的一半内容专注于建立信任，另一半内容专注于激发创造力。当人们在自己工作中感到满足时，创新就会发生；当人们专注于一个重要目标的实现时，创新就会发生；当人们有能力去控制自己做什么、什么时间做的时候，创新就会发生；当管理者对人们的想法进行奖励而非遏制时，创新就会发生；当人们感到放松，能自由发言，可以挑战正统观念时，创新就会发生。

当你看到这些事项罗列，你就会发现其与人们在工作中达到的心理学家们所说的"心流"（flow）状态，是何其相似。我提到的每件事，包括集中精力、控制行为、感到松弛和满足，都是实现心流的前奏。多年来，我总结出了一条经验，领导者激发创新的行为是创造人们轻松体验"心流"环境的重要部分。

对许多人来说，"心流"这个词对他们来说有点怪。但是自从我读过米哈里·希斯赞特米哈伊[1]写的《创造力：心流与创新心理学》（*Flow: The Psychology of Optimal Experience*）之后，我就一直关注着它。作者将心流描绘为一种状态，在这种状态中你能够完全沉浸在你所做的事情中。心流可以发生在任何领域，任何行业，任何级别。心流带给你的感觉是你喜欢你正在做的事情，而这恰好是需要你做的事情，不管是设计软件，销售鞋子，还是教授瑜伽。总之，就是你工作中的满足感。

希斯赞特米哈伊提出，每个人都能够而且想要实现心流体验的最大化。为了达到这种状态，他确定了六个因素。这些都是单独存在的，但是当它们结合在一起就会带来心流体验：

1. 你觉得个人能掌控目前的状况和活动。

2. 你认为这种活动经历本质上是有益的。

3. 你能极大地专注于当下的活动。

4. 你是如此专注，以致连自己的存在都没有意识到。

5. 对你而言，时间似乎过得很快。

6. 你的行动和意识逐渐融为一体。

当人们处于心流状态中时，其快乐程度是最高的，就像自己被他人信任那样快乐。这就是领导力方程式的起源。当这六种因素集合到一起时，这种神奇的变化是很显而易见的：你感到你的才华和能力正在被充分挖掘；你觉得自己找到了生命的意义与真实。在工作中体验心流的人会惊愕地发现，他们因为做自己喜欢的事情而得到了薪水。这就是那种简单的喜欢自己所做之事的感觉。

在美国，这种情况尤为真实。我们对自己的工作看得非常重。工作是我们存在的中心意义，我们享受着灵活的劳动力市场和通向社会上层的流动性，这让美国人普遍努力工作，做有意义的事，这些是我们幸福的关键。作为一名管理者或领导人，有什么比创建一个能够让人们始终体验心流高峰的工作场所更重要的呢？

顺便说一声，关于幸福的数据也支持这个结论。在工作中感到成功的美国人比那些工作中不怎么成功的人，感受到幸福的可能性要高两倍。[2] 这与钱没关系。诺贝尔经济学奖获得者丹尼尔·卡尼曼（Daniel Kahneman）等经济学家已经证明，一旦人们有足够的财富来满足他们的需求，一大笔意外之财对幸福的影响几乎转瞬即逝。长久的幸福依赖于在工作中获得的成就感。这也再一次说明了，为什么帮助人们达到创造心流状态是非常重要的。富兰克林·罗斯福这样说："幸福不仅仅在于对金钱的占有，其更多是来自成功的喜悦，来自创造性努力的兴奋。"

心流的示例

创造心流能够发生在任何职业中。从事常规重复性工作的人能够达到创造心流的状态。从事高度竞争性工作的人也能达到创造心流的状态。不管是什么类型的工作，如果想做得好，就需要参与者集中精力，思考和提升自己。简而言之，就是参与到创造性的努力中。我非常喜欢看职业篮球赛，尤其是那些能够在球场上进行漂亮传球，相互配合的精彩比赛。在这种比赛中，球员和球队都获得了胜利。"我们的教练让我们轻松打球，自由发挥。我们没有滥用这种自由。"一位球员这样说道，"我们团队之间都能很好地相互理解。"

布鲁克斯·罗宾逊（Brooks Robinson）是巴尔的摩金莺队（Baltimore Orioles）的全明星三垒手，他讲述了自己在比赛中感受到的心流状态。他将其称为"在状态"（on）。他不用想就知道球朝他这边来了。他会立即对来球的线路做出反应，用手套接住球，转动身体后将球投给一垒手，让焦灼的赛况变得轻松。罗宾逊的技能引发了一种对于胜利的共同理解，感染并激励着队伍中其他成员。你可以称之为领导力，也可以称之为心流。无论如何命名，都改变不了罗宾逊拥有它的事实。

我21岁时是美国林务局（U.S. Forest Service）下属的一个消防队——"激射"（hot shots）中的成员。我们是一支快速反应小队，经常乘着飞机去加州山区扑灭森林大火。我们进行了艰苦努力的训练。这份工作很危险，充满艰辛，有时让人觉得乏味，有时又令人兴奋。我经常处于一种心流状态中，我知道我们正在做重要的事，知道团队中的每个成员都有重要的作用。

那我们能够相互理解的关键是什么？这主要是由于我们的老板加里。他是一个谦虚直率的人，经常教给我们一些新技巧，帮助我们处理各种火灾情况。当知道我很擅长木工活时，他便指派给我一份翻修我们营房和工作场所的工作。就像所有的优秀教练一样，他知道什么时候给我们方向，什么时候应该站在我们身后，让我们自己尝试做一些事情。感谢加里，我们的消防队才能够体验心流。

如何激发心流

作为一名领导者和管理者，你如何激发他人的创造心流？我想这其中有五个关键之处。

第一，目标清晰。"胜利"是什么样子的？是在一定时间内完成任务的主动性吗？是一个给定的销售额吗？是一个完整的任务吗？明确目标，你就可以提供给人们一个体验心流的机会。

第二，确保这个目标是可以实现的。如果目标在人们控制范围之外，超出了他们的能力范围，或者没有足够的资源完成，那你就没有为他们设定能够实现的心流。询问员工需要什么样的资源，并且不断重复这些问题："你有没有自己需要的资源？""你觉得自己能够做到这一点吗？""你能克服这些挑战吗？"如果你听到了任何的否定答案，都需要重新调整目标。

第三，提供给人们自己解决问题的自由。让我们暂时先谈谈这一点。管理界一直存在一个错误的看法，即优秀的管理者需要时刻保持警惕，要对员工正在做的事情进行跟踪。事实上，优秀的管理者只会设定明确的目标和期望，然后让员工们自己找到解决问题的办法。正如乔治·巴顿将军（General George Patton）所说的那样："不要告诉人们怎样做事。只要告诉他们该做什么就可以了。让他们用结果让你大吃一惊吧！"[3]比如，在我们的领导力学院，我们会将领导力项目分配给包含五到七个人的团队。我们向每个团队解释他们需要做什么，所有的团队都要审视自己的项目，进行相关的调查，并向他们的 CEO 提出自己的建议。正如他们要求的一样，我们为他们提供训练，但不会对他们的进展进行追踪。我们认为他们都是成年人，完全了解不能向 CEO 提供一份良好报告的后果。

第四，把那些真正喜欢公司的人聚集在一起。在第三章中，我强调了雇佣那些能够相互配合，提升公司核心价值的员工的重要性。作为一个领导者和管理者，你的工作就是让合适的人找到合适的位置，找到那些希望每天见到彼此，和彼此一起协作的人。如果桶中有了一个烂苹果，其他苹果也会变烂。如果没有其他的事情做，那就专注于人们彼此之间的相互理解。如果不起作用，那么就找到让人们凝聚在一起的新方法。问题是不会自行解决的。

第五，让人们对自己在做的事情感觉良好。批评一个人很容易，赞扬一个人却很难。但正是赞扬才能够带来神奇的效果，尤其是那些对于实际所做工作的赞扬。对另外一个人做过的具体事情表示欣赏并不难，只需要 5 分钟。但是这 5 分钟却在之后的几天乃至几周内，都会被人记得。我的经验法则是，你给出的赞扬要比你给出的批评多 10 倍。你这样做的时候，当人们听到批评时，会将其视为真正帮助他们提升的愿望。对那些最经常和你一起工作的人要尤其注意，因为你会把他们的行为视为理所当然。在你对他们的想法说不之前，先从 1 数到 10。如果你说得太快，就有可能扼杀创新。

训练和授权能够激发心流，赞扬会激发心流，良好的团队工作也会激发心流。而微观管理则会扼杀心流。优秀的管理者会花时间了解别人，了解对别人重要的事情，发现别人喜欢做的事情。优秀的管理者会提供鼓励实验、交流程度高的工作环境。当人们做得很好时，他们就会得到来自自身和他人的积极反馈。这种卓越的感觉有助于进一步激发创新和心流。这种良性的循环就是你的目标。

在西南航空显著发展的初期，CEO 赫伯·凯莱赫专注于寻找擅长成为"人"的人。结果，使乘坐西南航空飞机的出行变得有趣起来。空中服务员讲笑话、唱歌，并邀请乘客参与空中琐事竞赛——这成为西南航空体验的一部分。在与航空公司工会谈判时，西南航空对于其员工的投入获得了回报。西南航空对人员的投入比率相当高，员工和领导的比率达到了 10∶1，而通常航空行业的比率为 20∶1。当西南航空和其工会就一项补偿协议进行协商时，其投资获得了回报：西南航空没有发生过停工的现象。

硅谷的技术公司投入巨资，帮助员工体验创造心流。在苹果公司，软件工程师们可以自己挑选项目。苹果公司认为这一措施将带来双重红利：首先，它帮助公司留住了一批有才华的工程师；第二，其产生的创新会进一步促进公司的成长。脸书是另外一家让员工自由选择项目的公司，公司的工程师们可以从工作日中挑选一天，探究自己喜欢的任何项目。

葛兰素史克（Glaxo Smith Kline）是位于帕洛阿托（Palo Alto）研究机构的一位运营经理，他每年都会花时间与每位员工共度一天。他告诉员工说："我想发现你们喜欢做什么，还有你们想从生活和工作中得到什么。"人们会和他花一天时间谈论生活和事业目标。然后，他会试着找一些新项目，对人们喜欢做的事情进行深入挖掘。不用说，他的员工们感到领导对自己非常支持。公司保留重要员工的记录，证明了这种付出没有白费。

然而，当我们对领导展开调查时，他们其中许多人都称，自己在帮助员工深入挖掘创造力方面的付出太少。所以问问自己："我什么时候体验过心流？我怎样做才能让自己在工作中更有成就感？我能做些什么才能帮助他人更多地体验心流？"

消除员工的恐惧心理

只有当人们感受不到害怕时：不害怕丢失工作、不害怕丢失地位、不害怕被排除在外、不害怕被惩罚时，创造的心流才会发生。相反，害怕和恐惧会危及组织的生命。

那谁负责消除恐惧呢？就是你！我习惯这样问我们的员工：工作中有没有哪些事情会引起你的恐惧？如果你的答案是肯定的，我会尽自己最大努力去消除它。一位刚刚加入我们公司的年轻大学毕业生曾告诉我："我害怕丢失工作。"我问他："如果我保证你一年内不会丢失工作，那么你工作的方式会发生什么样子的改变？"他说这会让他在工作中更加专注和尽忠职守。我说："这很好。如果你没有做出什么让公司陷入窘境的事，那这份工作在一年内就是你的了。"现在，那个年轻人已经升任为我们的高级副总裁了，当我提起他初入职场的恐惧时，他不禁哈哈大笑起来。

快乐是恐惧的天然解药。快乐有助于人们放松，做自己，说出自己的想法。在阿肯色州的沃尔玛总部，每周的员工会议都是由创始人山姆·沃尔顿（Sam Walton）构想出的欢呼仪式开始的。为了理解这个故事，你首先要知道在沃尔玛（Wal-Mart）名字中标点符号被称为"弯弯曲曲"（squiggly）。欢呼的开头是传统的"给我一个 W……"，当到了"弯弯曲曲"的地方，每个人都会扭动他们的臀部。

所以问问你自己：我有没有鼓励人们放松，享受乐趣？我有没有强调消除恐惧的重要性？我有没有让人们放松下来，尽情享受？如果你的答案是否定的，那么你在鼓励心流方面，可能没有尽最大努力。

合适办公场地的重要性

另外一个影响心流的因素就是实际的办公场地。Synergex 是一家位于北加州的软件公司，其办公场所中有特别的"思考室"（think rooms），里面有软枕，以供团队们开会使用。在这里，没有传统意义上的办公室，只有办公桌之间的低矮的分隔物。这种对于开放式沟通的重视收到了成效，公司的士气、创造力和成长都有明显的改善。

在一家大型公司位于华盛顿特区的办事处里，人们在开放空间中工作，一些划分区域的隔挡物非常低，外部的光线能够洒遍房间内每个角落。开会场所的空间布置也非同一般，是用彩色桌椅进行点缀。公司中员工士气高昂。人们创造性都很高。在一种没有墙、没有分隔物、没有办公室的办公场所，人们的交流和想法的分享也变得更容易了。

所以问问自己：为了创造轻松交流的环境，我是否竭尽了全力？办公场所里面是否有充足的自然光线？每个人是否能够看到彼此？是否有足够的空间让人们进行一些非正式的会面，以解决问题？如果答案是否定的，那么你可能没有深入挖掘人们的创造心流。

平衡自信和不确定性

激发心流的另外一个关键性因素就是不确定性。在最近的一项研究中，就管理者每日做出绝对正确决定的概率进行了调查。[4] 在调查中，管理者被要求评估对自己的信心程度，而雇员们则被要求评估和管理者的关系。

自信和不确定性的平衡

这项研究揭示：那些自信同时又相对有些不确定性的领导人被视为更优秀的管理者，更容易激发创造心流并鼓励独立思考。那些自信又充满确定性的管理者则被认为是独裁者，不愿意做出改变。

仔细想想，这个结论并不让人感到意外。当人们为自信又有些不确定性的老板工作时，他们感到更轻松，更有表现力和创新性。当你为一个自信同时又充满确定性的老板工作时，你觉得自己的贡献并不重要，你更倾向于揣测老板的意图。在你真正知晓答案之前，你的绝大部分精力都花在了应付老板的各种反应上，而不是找到做事情更好的办法。太多的确定性泯灭了创造力。

为了打破这个循环，领导者需要承认他们的不确定性——承认他们不知道答案，公开表示他们期望别人找到解决办法。伟大的领导者会更进一步。他们不断突破对自己的假定，将他们所认为的"事实"视为可能性，而非确定性。他们鼓励人们寻求更好的答案。

局部创新的重要性

除了极少数的例外状况，创新和心流通常发生在局部的层面，也就是小型团队和个人试图改善与其工作直接相关的特定服务和产品。通用电气已经证明了这种想法的正确性。在其著名的"锻炼会议"（workout meetings）中，CEO 杰克·韦尔奇经常要求员工提出改善局部工作流程和业务产品的方法。韦尔奇将这些员工的管理者带到现场，让他们做出三个选择：当场接受这些员工的想法，当场拒绝（只有他们能够说明理由时），或者进行 10 天的研究。如果 10 天之后，管理者仍然没有批准这项创新举措，那么就会自动生效。

通过他的锻炼会议，韦尔奇让员工们了解到他重视他们的想法——员工们不必有任何担心，不管他们是提出了一个更好的做事方法还是暴露了自己效率低下。锻炼会议成为通用创造性思维和局部创新的有力象征。

在加州软件制造商 Brøderbund，高级产品经理将建立一条新的教育软件产品线的任务交给了一个年轻人组成的团队。他们的第一个创新之举就是组建了一个由八岁女孩和男孩组成的用户团队。没有使用 Brøderbund 的点击式图形界面，团队提出了一个非传统的方案，包含了移动图像和隐藏的按钮，这引起了年轻用户的兴趣和更高层次的参与，并获得了更高水平的技能。通过利用局部的发明和自下而上的决策，领导者鼓励了一种叫作"集群智能"（emergent intelligence）的行为。集群智能理论反映了一种正在发展的研究领域，即复杂的社会和有机体是如何运行的。

集群智能的原则之一就是在一些基本原则下运行的有机体拥有进化优势。蚁群常被视作是最好的例子。蚁群中的第一条规则是，除了蚁后之外的每只蚂蚁都要承担多重任务；第二条规则是，做你身边蚂蚁所做的事；第三是，外出的觅食者要给返回蚁巢的食物携带者让路。这三条简单的原则，让蚁群能够交流，迅速地适应变化。如果一只蚂蚁要将垃圾运送出巢，那么返回巢穴时它应该把寻找到的食物带回来。因为蚁群按照这些原则去运行，所以能够迅速地适应变化，并存活下来。

鼓励创新产生的影响是深远的。它表明即便是简单的规则，一旦应用于人之后，其就会变得非常强大。比如，在英特尔的年度性举措宣布之后，人们就开始组成团队去工作。如果一个人在一定的时间内没有找到一个队伍，那么他或她就有可能被解雇。这中间充满竞争，但是这个方法的确是有用的。而创造力也因此在英特尔内部繁荣兴盛起来。

在20世纪70年代，迪伊·霍克聘请一个银行家团队创建Visa时，就应用了集群智能原则。当时，有部分银行已经提供了各种各样的银行卡——每一种都有不同的规定。霍克和他的团队想创造出一种能够在世界各地顺利地进行金融交易的信用卡和清算机制。

霍克知道银行需要在被充分理解的规则中独立自主地运营。他的团队为了明晰这些规则进行了一年多的艰苦努力。这也是整个工作过程中的伟大而独特之处。他们提出的第一条规则是："你能保留自己的收入。"成为Visa会员的银行可以保留自己的全部收入，只需缴纳一小部分费用或者利息。

第二条规则是："没有会员资格限制。"任何银行都可以自由加入Visa联盟。

第三条与所有权相关。因为银行需要独立、自由地运营，所以应该没有人"拥有"Visa。因此，Visa是以一种非股份公司的形式组织起来的，其管理权被赋予了成员银行。因为没有股份的存在，所以没有任何一个利益相关方在Visa内部拥有控股权。

最后一条规则与管理相关。由一个独立的公司管理Visa的运营。但是它需要对一系列的区域委员会和执行委员会负责，回答他们提出的疑问。在银行缴纳的费用中，一小部分被这家管理公司用以营销、后台运营和关系调停等等，但是它不能控制Visa。这项权力被以其他方式执行——由成员机构行使。这其中还有一些难懂的条文，但基本上 Visa 运营规则都是很简单的。从这些运营规则中，一种在整个世界内通用的货币诞生了。

从这些经验中，霍克发明了"混序组织"（chaordic organization）这个术语。它反映了霍克的理念，即一个成功的组织就是行走于混乱和有序之间的。有序体现在自上而下的决策过程，而混乱则体现为自下而上的决策顺序。在霍克看来，混序组织通过确立明确的价值观、清晰的愿景和健全的运营原则实现了两种决策的平衡。组织也有明确的办法对成功进行评估测量。在这个框架内，人们可以按照合适的方式制定战略，设计解决方案。这个模式能够完美地激发创新，鼓励心流并建立一种领导力文化。

大方地对员工进行奖励

为了鼓励心流的产生，优秀的管理者需要确保每个人在成功的初期就能得到表彰。不管大小，每一种成功都应该得到某种方式的表彰嘉奖。奖励和赞赏应该被大方地分给所有参与者。同时，以特殊的方式对做出特殊贡献的人进行嘉奖和赞扬。

我曾提过，在平衡积极反馈和批评性或"建设性"反馈方面存在 10:1 原则。人们听到的积极反馈要比消极反馈多出 10 倍。否则，他们就不会或者不能听取建设性反馈。而反馈的"建设性"作用也会失去。通过赞扬和鼓励，你能帮助人们做好准备，以迎接他们需要听取建设性反馈的那一天。

奖励成功是鼓励人们成为自信领导人的关键，他们对"企业的运营就像基于本能一样"。我们公司已经制定出了一个"领导力发展周期"，能够对领导者发展过程中的具体要点做出说明。其中重要的一步就是制订个人发展计划，你可以将自己的事业目标，需要的培训、指导和反馈写下来。鼓励创造心流就是给予人们思考的机会，让人们清晰表达出自己的职业期望，之后分享给那些可以帮助他们达成期望的人。

将失败变为成功

没有人因为犯错而失败，失败是只有在人们停止尝试时才会发生。领导不应把错误当成失败，而是要了解到，错误是创新之路上不可避免的步骤。聪明的领导者知道从错误中能够学习到很多东西。我们曾和一家专为中型企业开发软件应用程序的公司合作过，这家公司的 CEO 汤姆是一位体型高大、和蔼可亲的 40 多岁男士，同时也是一个乐于沟通的人。

汤姆想让他的开发团队创造出一种新产品，能够大大地简化Java 工具的使用。但汤姆也担心开发团队已经志得意满，不愿意再承担风险了。"我们不知道怎么做。"在汤姆宣布自己想要的结果时，一位工程师嘟囔道。"没关系。"汤姆说道，"你会学习到的。"

汤姆在工程部门内部设立了四个开发团队，并给出了一个完成软件新产品的截止日期。在墙上，他画了一个关于指标和完成时间的四色图表——每个团队都有一个。这个过程在部门内产生了一种狂热，所有团队都像发了疯般工作。在最后一天，他们让汤姆走进了会议室。

"我们这里有好消息也有坏消息。"工程副总裁说道。

汤姆抬头一看，说："那就先告诉我好消息吧。"

"我们已经开发出一个非常好的产品。"部门负责人说道。

"那坏消息是？"汤姆问道。

"它好像不能正常运行……"一位工程师说道，"起码现在不能。"

汤姆笑道："听起来不错，告诉我更多的情况。"

工程师们描述了这个产品，并且向汤姆略述了其工作原理。当然，最终要取决于他们是否能够被给予更多的时间。汤姆鼓励他们继续对这个软件进行研发。四周之后，研发团队负责人脸上带着大笑来到汤姆面前："猜猜怎么样？它比我们想象的更好！"

现在，这个软件已经成为公司利润破纪录的关键。

促进公平竞争

促进公平竞争有助于激发创造心流的产生。与其专注于个人竞争，明智的做法是建立起激发快乐和创新的团体竞争。正如一位管理者说过："如果人们不担心荣誉的归属问题，那么人们对任务的完成度将是非常惊人的。"

我们的一位客户每年都会推动一个团队间竞赛。CEO也会参与其中，制定竞赛的规则和目标。有一年的竞赛目标是获取最高的客户满意度。另一年，目标是生产率的最大增长。表现最佳的团队有机会和家人一起出国旅游。为了推动这种竞争，CEO会在办公室的四周贴上哥斯达黎加或者波拉波拉岛上热带沙滩的图片。办公室里面还有描绘午夜潜水和沙滩烧烤的宣传单。在年末的时候，表现最佳的团队会由选举产生。某一年，每个团队都表现得很好，公司的利润获得极大的增长。那CEO是怎么做的呢？她给整个公司都放了假，让所有人飞到夏威夷玩了一周。

与官僚主义的"蔓延"作战

官僚主义作风的"蔓延"（creep）是指与创新和创造心流恰好相反的力量。当一个管理者觉得要控制某事的完成时，官僚主义就开始蔓延了。或许，他之前被告诉过要把它做好，或者"这是你的工作"。于是，管理者就开始对特别的一个或者一组决定进行密切关注，检查既定的目标是否已经完成。

如果决策达到了检查要求，它就会被审核通过。如果没有达到预定标准，这个决策就会被否决。官僚作风从不考虑例外的情况，或者创新的更大需求。它只知道是或否，只知道如何施加控制。检查的地方也成了瓶颈存在的地方。

随着时间的推移，检查成为公司政策的一部分。人们按照这个模式接受训练，并将其继承下来。随着在坚持某些规范的系统下工作，人们开始变得不耐烦，官僚主义的蔓延开始让更多有能力的创新人才离开了公司。对于创意头脑的信任开始遭到侵蚀。新雇员往往比较平庸。随着人才类型的转换，更多的错误也随之出现。

这个时候，官僚作风开始兴盛起来。它的增长是为了控制日益扩散的平庸作风和越来越多的错误。这使得有能力的个人进一步背离公司。在你意识到之前，一种平庸的企业文化已经泛滥开来。就像病毒一样，官僚作风已经完全占据了整个企业。

聪明的管理者会不断地给人们赋权，使他们找到做事的更好方法，能够自我决策。他们会容忍一定程度的混乱和不确定性，这是为了保存和鼓励创造力。最重要的是，他们是为了与官僚主义作风的蔓延作战。

成功创新的关键因素

创新意味着让人们自己尝试，看看自己能否找到问题的答案。通常这意味着你不得不改变自己作为管理者的行为。如果你不喜欢一个新项目或者产品，在你对其进行批评之前最好三思而行。如果人们相信这是行得通的，那就接受它，让人们有证明自己的机会。也许这样很容易被认为是在鼓励异议，但是真正的考验是别人对你的看法。问问他们：

1. "你认为我对做事的新方法是否能坦然接受？"

2. "你觉得我周围的人会自由地说出自己的想法吗？"

3. "人们是不是因为害怕我说什么或者做什么，所以不敢尝试新事情？"

4. "一般来说，我给人的印象是审慎和思想封闭？还是开放和充满好奇心？"

一位大型银行的高管表示："那些创造性的不同意见激励着我，面对人们的挑战，我无所畏惧，信心满满。"只有人们真正地相信自己古怪的想法和方案会受到欢迎时，才能说，你正在创造一个激励创新和鼓励创造心流产生的环境。

除了领导者的开放性之外，创新的背后还有其他因素吗？

第一，也是最明显的，你需要提供创新所需的资源。从本质上说，这意味着创造性过程中不能存在克扣现象。你要做的不是让项目忍饥挨饿，而是找到更便宜、更好和更快的做事方法。通常这需要先进行一个小的试点项目，对成功的可能性进行评估，之后再投入额外的资源。

第二，成功的创新是以市场需求为基础的。"7–10 规则"表明历史上十分之七的成功创新是由明显的客户需求驱动的技能或者正在寻求需求的技术，而不是一个新概念。所以要鼓励人们去接近自己的市场和客户，确定所推荐产品和服务的实际需求。

在这一点上，我要强调一下，不是所有成功的创新都是市场"拉动"的结果。事实上，一些最成功的创新往往是市场"推动"的结果。脸书和推特就是其中的两个例子。在它们引入市场之前，用户根本不知道自己需要这些东西。

成功的第三个因素是将绝大多数的产品和流程创新授权给个别科室和部门。授权给那些"尽心尽力的狂热分子"——那些小型的能进行自我管理的团队，他们无论遇到什么阻力，都会推动项目的前进。

第四个成功的因素是高管的支持。把失败看得过重的高管并不会鼓励创造心流。管理界有一种流行说法："准备，开火，瞄准。"这听上去很蠢，但抓住了重要的一点：事情不会在第一次就达到完美。具体的方法是创建内置学习循环的灵活过程，以便人们可以从创造性的错误中学习，适应并持续地改进。请记住，不要把初衷良好的错误视为失败。将它们视作学习的机会。

这是一些鼓励成功创新的方法：

• 创立一个公司的风险投资基金。按照明确的标准去挑选项目。投入基金的初始额度一定要足够大，这样才能吸引人们的注意力。对其进行推广，看看将会发生什么。

• 组建内部团队对公司的竞争对手进行追踪。每个团队只专注于一种产品或者服务市场。定期举行所有团队都参加的头脑风暴会议，以分享信息，对击败竞争对手的方法进行集思广益。

• 让组织中不同级别的人参加商展；创建一个定期论坛，对商展上的亮点进行报道；确定各个部门都有人参加。

• 创建一个顾客意见收集团队。团队每天需要确认一位新客户，并和其取得联系。

• 组成一个包含你最想让他购买自己产品和服务之人参加的顾问委员会。不要停止努力，直至他们变成你的顾客。

• 与当地大学实验室签订一个实习交换计划。让你的员工在那里工作三个月，让大学的学生在你的公司工作三个月。

• 举办一个致力于创新的非正式会议。找一个没有椅子的地方举行，让员工自己安排会议场地。提出一些具有启发性的问题，比如："如果我们与最大的竞争对手合并，我们能做出哪些他们做不到的事情？"

• 联系一个证券公司或者投资银行家。告诉他们你有兴趣收购某一家公司。这家公司和你的公司一样，在同样的市场上有着同样的企业精神。如果没有可用的人，那就等上六个月。然后不断地重复这个过程。

• 为员工提供休假计划。

统一薪酬和奖励
· ·

许多公司将薪酬和绩效联系起来，相信这样可以激励员工创新，使公司更加成功。在某种程度上，这种效果是可能达到的——至少在一段时间内。然而，为了释放创造心流，需要将重点放在整个组织的成功上，而不是个人或者某个团体的成功上。下面的这种调整薪酬的思考，有助于激发创新和建立领导力文化。

首先，计算一个人应该得到的最高薪酬总额（TMC）。一些有前瞻性想法的公司，例如谷歌，将最高管理人员的薪酬限制在了最低薪酬获得者数倍之内（例如，10 倍）。这样，如果 5 万美元是最低的，那么一位高管得到的最高薪酬为 50 万美元。

我相信公司的高管应该被保证能够获得其最高薪酬总额的一半，以作为薪酬的基本部分。也就是说如果某一位领导者的最高薪酬总额是 100 万美元，那么基本部分可以达到 50 万美元。其余的部分应该与公司的总体业绩挂钩。

你可以用来下面的这些具有前瞻性的薪酬形式对人们的表现进行奖励，而不必担心对创造心流造成阻碍：

1. **收益分享**。这是一种基于公司目标实现程度的奖励基金。每一位公司成员，无论其职位高低，都能收到以现金形式支付的奖金。这些奖金的计算方法应是基于得到普遍理解和承认的流程或者公式——这样透明度和信任就能到保证。

2. **团队认可奖**。通过对那些以杰出工作体现公司核心价值或者达到某个特定目标的团队进行奖励，你能激励每个人。这些类型的项目通常包括同事的提名和评审，以及在颁奖典礼上对于获胜者的公开表彰。我的建议是不要让一个团队总是获得这个奖，要让奖金和荣誉在不同的时间段内得到分享。

结论

重视建立信任和激发创造力的公司的表现是优于其他公司的。为了激励创新，你要鼓励人们将他们全部的创造力投入到工作中。

创新不是来自一份商业计划或者一系列的兼并和收购，而是源于对创造心流重要性的深刻认识。领导者应该将工作重点放在发现人们擅长的地方，授权人们进行试验，并对他们的工作表示赞扬。在领导力文化中，微观管理是没有生存空间的。领导者应该保证创造心流的各个要素都已经就位，并由此走出一条道路。

第八章
系统思维：
应对组织中不确定性问题

校舍软件（Schoolhouse Software）是为校区制造软件的公司。在 2002~2003 年，学校的预算受到了经济低迷的严重影响。CEO 鲍勃·莱文（Bob Levine）对此很沮丧，因为其竞争对手通过精简功能、降低价格使其产品的售价低于自家公司的其他产品。"我们的销售宣传一向是以价值观为导向的，但是我们的客户开始仅仅把我们的产品视为一种普通的商品。"鲍勃说。

　　当鲍勃的一位重要的销售人员投奔了竞争对手，开始将对手的产品以最简单、最容易使用同时也是最实惠的口号进行销售时，问题变得越来越严重了。鲍勃的几位主要客户都转向了竞争对手。鲍勃的忧虑也日益加重。

　　面对这些表明市场正在发生变化的信号，鲍勃不愿意改变自己的商业模式。他还在犹豫他的产品是否有"去商品化"（de-commoditize）的可能；与此同时，公司的销售数据一直在下降。当鲍勃向我们公司提出困扰自己的问题时，我们劝他用系统化思考的方法来解决自己所处的困境。我们劝他放弃自己的假想，观察推动自己事业发展的市场趋势。我们让他仔细考虑自己公司的业务如何在今天和明天为顾客创造价值，而不是在过去。他照做了。然后他得出了以下结论：

1. 市场的确正在朝着商品化发展。

2. 公司需要在价格上赶上竞争对手，以留住已经安装其软件的客户群体。

3. 鲍勃需要改变自己在讲给客户的故事中的内容。

在经历了这个训练之后，鲍勃的管理团队开发出了新的用户群体。公司开始集中销售他们软件的"基础版"，用户每月再付出一笔额外的费用就可以开启软件的附加功能。因为鲍勃的管理团队将自己的愿景带给了客户，市场的反应令人激动。"当我们从自己的沮丧中走出来的时候，我们意识到我们之前售卖的东西并不是客户想要的。"鲍勃说道，"我们内部的思维必须改变。改变发生之后，我们就回到了正轨上。"

法则 8：扩展系统思维

要实现领导力文化，需要将系统思维的力量扩展到企业的方方面面。只有一部分人理解你组织的价值创造过程是不够的。每个人都应该将其看作一个工作系统，结果就是为客户带来价值。每个人都应该用建立系统的方式去思考，以最小的成本产生最大的价值。按照系统的方式去思考，让人们有能力在最需要时推动改变的发生。通过提升系统思维，人们在思考时会更注重数据，按照客户的价值参照体系对自己的工作进行设想，并根据客户的期望而非内部假想或者传统去调整业务流程。通过扩展系统思维的力量，领导者能够将更高水平的创新和绩效贯彻于组织之中。

系统思维的工具

当你使用系统思维时,你开始将组织中的一切都视为一个系统。企业里面有生产和配送系统,有为顾客创造最大价值的系统,这些系统也为公司创造了最大的利润,也有作用于组织的市场系统。当你从系统的角度看问题时,你就在大脑中建立了整个企业的清晰结构。在解决问题时,随着你对潜在原因的确定,企业的症状开始逐渐消失。在你尝试检测实际发生的状况时,一些细微的信号可能变得更重要。你明白了反复发生的行为不是被积极的"学习循环",就是被消极的"无知循环"强化了。你了解了不断挑战假想的重要性。你意识到一个人既不能太着急,也不能太拖沓,时机就是一切。

系统思维让我们明白,孤立情况下做出的决定是如何消极影响他人的。它让我们明白,要确保每个人能够在整体层面看待组织,在决策时要把整个组织的影响考虑在内。我们的一位客户是一家医疗保健公司,就在与这个问题不断地斗争着。比如,医疗信息团队就电子健康记录所需内容做出决策,但没有考虑到其对医生排班和患者流量的影响。结果,医生们因多出来的工作时间愤怒不已,患者的投诉也在增加。我们将所有人聚集在一起,查看了相关数据,将当前系统及其不良影响绘成图表,并促成了一系列改善流程的决策。最后,整个系统得以改变。

系统思考教会了我们在合理的时间范围内看待变革和趋势。有时候我们低估了变革的步伐,有时候我们则会高估它。"一位领导必须能够看到某个趋势的战略重要性,突出这一趋势,之后以适当的紧迫性做出回应。"一位高级经理这样说。

比如,英特尔在21世纪初期一度减少了订单量。整个计算机行业也跟着经历了一个紧缩的过程。因为人们想当然地认为既然英特尔这样做了，其他行业参与者也应该这样做。造成这种结果的原因是大家对计算机行业内部复杂的供应链关系理解得过分简单了。这种错误的假想造成许多芯片制造者没有对2003年开始的行业繁荣做出及时的反应。

同样，在2008~2009年经济衰退期间，许多人都认为所有的行业都会受到影响。这种假定拉低了几乎所有行业中所有公司的股价。但仍然有一些行业，比如技术和医疗保健行业，几乎没有受到像金融服务、住宅和汽车行业那样严重的影响。

系统思维可以帮助你理解，不同视角看到的问题是不同的。在认知科学领域，人们普遍承认视角会影响某个特定问题的思考方式。单一的视角通常会过于简化问题，并抑制系统思维。

在商业世界中存在多种视角，完全取决你所处的位置和眼前所看到的景象。有隶属工会工人的视角（"工会会利用这一点"），或者股东视角（"利润要比保护环境更重要"）。

我们教会客户从整体上看待自己的组织，要求他们看待组织时应该具备五个角度，即战略、管理、绩效、流程和人员。

战略：从这个角度看，你关注对自己业务产生长远影响的市场趋势。你会考虑自己在竞争中所处的地位，考虑业务增长来源，以及为了利用这些市场趋势而需要采取的广泛措施。思考如何长期使用资源和努力实现最重要优先项的方法，这是你做出的积极反应。太过于关注竞争对手所做的事情，就会成为一种消极反应。

管理：从这个角度看，你关注能控制公司发展方向的决策系统。你会考虑董事会、首席执行官与你的领导团队同授给每个人的权力之间的关系。思考管理和明确权力授权，这是你做出的积极回应。你确定人们清楚各自在决策中的角色。当系统不清晰时，责怪人们做出了错误的决定，那就是你做出消极的反应。

绩效：从这个角度看，你关注绩效评估系统。首先是整个组织层面，之后是组织内部不同的业务部门层面，最后是团队和个人层面。确定每个层面的追踪标准和目标，以及最能协调不同业务部门和团队理解优势与不足的沟通系统，这是你能做出的积极回应。过多关注表现不佳的个案，那就会是你做出的消极反应。

流程：从这个角度看，你关注产生价值流程中的内部情况。你会检查销售是如何产生的，订单是如何完成的，以及产品是如何被接收或交付的。你会检验评估效率和效能的措施。思考如何提升周期时间、质量和支持流程的 IT 系统，这是你做出积极的反应。找出未能持续有效地管理某个流程的人，那就是你做出的消极反应。

人员：从这个视角看，你关注雇佣和奖励员工的系统。你会关注如何找到合适的人，以及如何发展他们能力。你会查看自己需要的能力，以及让人们发挥最大潜能的方法。建立让人持续学习、接受训练和反馈并为自己的表现负责的反馈系统，这是你做出的积极反应。挑选和提拔人是基于专制的因素，比如你个人对他们的喜欢程度和他们对你的支持程度，那就是做出的消极反应。

如果你关注这五个视角，你对组织的理解会更加丰富，这种理解你可以分享给他人。系统思维的独到之处在于通过组织你自己的思维，认识到每个视角都需要与其他视角相互衡量。不这样做就有可能导致判断上的失误。

比如，战略视角的好处在于它能够让你采取长远的眼光看待问题，确定为达到重要目标你所必须经历的变革。鲍勃·莱文使用战略视角重新审视了自己的事业。但是战略视角可能让你高估市场的力量，低估内部创新的价值。美国的汽车制造商一直在犯这个错误，致使自身在发展引导潮流特征方面已经落后于欧洲的制造商。

只采用流程视角，人们可能过度关注如何减少周期时间，提升效率，而忘记关注顾客真正的需求。这就是快餐行业面临的问题。麦当劳在配送巨无霸和四盎司牛肉堡方面已经很有效率了，但其在市场上的相对份额还是在不断下降。

只采用人员视角，人们可能过度关注于单个人，而忽视了组织。在 1995 年，当迪士尼的 CEO 迈克尔·艾斯纳（Michael Eisner）聘请迈克尔·奥维茨（Michael Ovitz）出任总裁时，他认为自己找到了一位能够成为迪士尼二把手的人。但让艾斯纳深感意外的是，自己的助理人员中没有一个人愿意和奥维茨一起工作的。艾斯纳的这个决定致使迪士尼付出了数亿美元代价。

只采用绩效视角，人们可能过度关注于绩效，而忽略了其他环境因素。例如，在 2008 年金融危机期间，第一资本（Capital One）没有充分告知消费者，就改变了信用卡服务条款。之后，该公司将利率提升至之前同一消费群体不能接受的程度，失去了最有信誉的客户。由于对数字的重视高于情感关系，第一资本让自己陷入更深的金融危机中。

所有这些视角都是短视思维的例子，只有更细微地理解当前状况才会产生更明智的决定。在有效系统思维流行的地方，人们会学习跳出原来的圈子看问题，从多个视角看待同一情况，并根据对事情发展的深入了解选择正确的道路。

案例：泰坦尼克号的教训

这里还有更多例子，能帮助你看到拥有系统思维的好处。泰坦尼克号于 1912 年 4 月从英格兰起航，设计水密舱壁的工程师认为船体在水下不可能发生多个舱受损的情况。这导致了一种普遍的错觉，就是泰坦尼克号是不可能沉没的。因而在其处女航时，这艘船并未携带足够的救生艇以应对紧急疏散。

除此之外，天气预报一直表示北方的天气会更好，不会有冰山的威胁。所以，船长采取了一条比预定更为靠北的航线，试图避开南边的恶劣天气。泰坦尼克的船主们希望这艘船能够在航行时间方面创下新纪录，这也使船长在后来被证明是布满冰山的海域仍然让船高速行驶。

泰坦尼克号的事故说明了在判断上的两种错误。第一种是反馈延迟，船长所依据的天气预报来自三周前起航的一艘船的经验之谈。第二种是因果关系的假设，之前普遍认为只要有水密门，船就不会沉没；但是实际上，水密门在一些情况下也会失灵，包括船头上的巨大缺口也会导致水同时侵入多个舱室。

泰坦尼克号上的反馈延迟

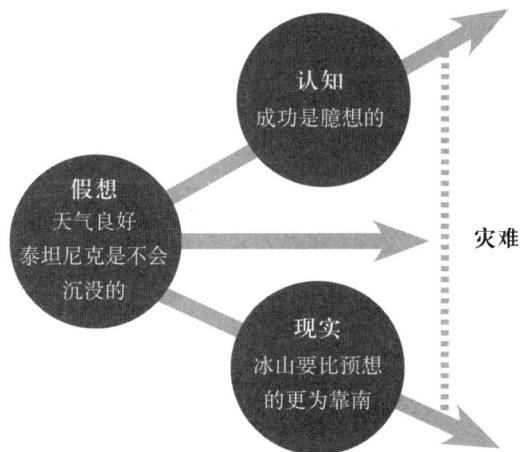

反馈延迟在生活中很常见。在街上开车，看到红灯亮起 15 分钟后才做出反应是很荒谬的。然而，公司却在依据两年前的市场调查，来确定他们的产品或服务是否很好地满足了消费者的需求。

对因果关系假想也是很常见的。当录像带产生后，人们都想当然地认为电影院的数量会下降。相反，家庭录影带的观看经历激发了电影需求的总体增长。这其中的确存在因果关系，却是潜在假想发生了 180 度转变之后的结果。

当迪士尼在 Go.com 上投入巨资时，它实际上就是在对 Go.com 将会在新兴的互联网搜索市场上产生的巨大影响进行赌博。但互联网搜索行业的竞争非常残酷，消费者更青睐于规模大的企业，内容提供者一旦在内容中表现出了自己的偏好就会被市场惩罚。迪士尼的品牌无法吸引观众使用其搜索引擎，迪士尼的投资也最终变质。消费者并没有像迪士尼高管预想的那样拥抱 Go.com。

工作系统

无论你从事哪种行业，不论是运输货物，提供更好的医疗保健，还是保护环境，每个组织都会生产一些东西。但是人们经常会忽略他们生产的究竟是什么，所以他们不能很好地进行生产。我们需要向他们提出的关键问题是："你究竟在做什么？"[1]

比如，当我们问他的组织是如何帮助孩子的，我们的客户——一家非营利组织的 CEO 说，他们主张通过更好的法律。"那么，你是怎样做的呢？"我们问道。他们拥有聪明的律师、与国会人员一同工作过的游说人员。"你是怎么做的？"他们记录了每一位在类似立法上投过票的人，基于这些人的投票记录，找到谁是中间的游离者，并对其保持关注。

现在我们已经到了某个地方，接下来的问题是："谁是想要这份分析的客户"和"他们是否完全满意"。后来证明，客户是一个定期拜访国会成员的游说团体。"他们对非营利组织成员投票记录的分析满意吗？"当被问及这个问题时，这位客户告诉我们，这份分析只关注了某些投票信息，所以它的预测价值是有限的。花更多的时间查看不同的选票，会产生更好的信息，更有可能发现中间的选票，并能有效地提出更好的法律议案。

我们在公共服务机构和非营利组织中总看到这种模式：在重要任务背后，总是无法理解需要完成的具体工作以及这项工作所对接客户。深入探究这一问题，就是系统思维所要做的工作。正如一位CEO 在他的组织开始这项训练时说的那样："它可能并不令人向往，但是它能改善结果，比我们迄今为止所做的工作都要好得多。"

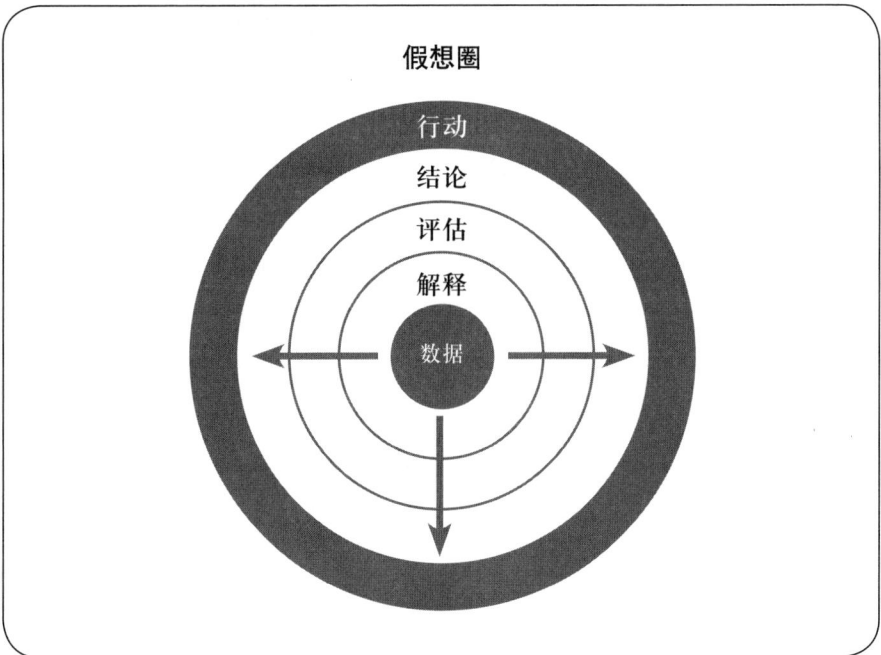

假想圈

行动

结论

评估

解释

数据

假想圈是一个帮助人们对自己的假想进行思考的有益工具。如图所示，当人们提出做某事的想法时，有一个以中央的数据为核心的解释、评估、结论圈。数据核心通常隐于视野之中。加强系统思维很重要的一步就是，分享实际数据或者观察结果，而这些数据都需要经过解释和结论的整理。比如，在谈论美国汽车业的未来时，有人可能会说："美国汽车业造不出高质量、省油又赚钱的汽车。整个汽车行业就不是按照这样的方式构建的。"得出这样的结论，是因为这个人依赖于以下数据：购买汽车的第一手经验，从新闻报道中得到花边新闻，《华尔街日报》上一张显示过去10年间世界市场相对份额情况的图表。

虽然这些数据是有效的，但是不足以得出这个结论。另外可能还有一些不同数据，表明了美国电池行业的增长状况，或者对新型节能技术的投资状况。这些数据可能会让第二个人得出不同的结论："美国实际上有能力生产节能汽车，我打赌在未来10年中美国将占据世界市场超过50%的份额。"

现在我们陷入一个僵局之中。两个人都得出各自的结论。然而，他们并没有和我们分享各自得出这些结论的数据。他们也没有分享自己是如何解释、评估这些数据的。使用这个假想圈，一个人能够采用系统方法并开始探究。"得出这个结论的数据是什么？""你能帮我解释你的推理吗？"不是来来回回地交换观点，系统方法是要让人们解释各自的推理和交换数据。假想圈帮助我们想象出每个行动内部的样子，以及基于一系列假想之上的结论，通过对这些假想的挖掘，从而获得更好的理解，最终做出更好的决策。

替代谬论

⋅⋅⋅

电影应该在什么时候从编辑审查转到试拍阶段？一辆卡车应该什么时候离开码头？我们应该什么时候关闭维修生产线？这些都是典型的商业问题，通常都是以同样的方式回答：我们认为过去是如何做的，那今后也应该如何做。

我们将之称为替代谬论（substitution fallacy）。我们总是自认为在使用的就是最好的。或者从另外一个层面来说，我们总是假定自己的好恶就是客户的好恶。产品的包装应该是什么颜色？我们总觉得如果自己喜欢这个包装，那么客户也就会喜欢这个包装。我们总以为客户和自己拥有同样的想象、愿望和需求。

通过使用系统思维，我们意识到，客户的愿望可能完全不同。例如，一家加州大型医院决定设计一套新的病人接收程序。医生、护士和医院的管理者对于病人在初次进入医院时需要什么都有各自的想法。护士认为病人想要先得到一份身体状况的评估报告，之后按照疾病或伤害的严重程度送入急诊室。他们从没想到身体问题不严重的病人更喜欢在急诊室之外的地方接受治疗。管理者认为急诊室应该成为医院利润来源的中心，所以命令急诊室的服务费用要高于常规病房。医生认为病人并不需要马上见到他们。事实上，病人把医生最初的打招呼当作入住医院程序中最重要的一个部分。这些群体都成了替代谬论的受害者。

实施研究以理解客户真正需求是克服替代谬论的关键。这意味着要提出棘手的问题。治疗每种来急诊室的病人的最佳流程是什么？应该采用什么样的标准确定货车离开卸货站的时间？什么时候就算满了？客户什么时候想接收订单？整理仓库中库存的最佳方法是什么？通过条形码？还是最大限度地利用空间？

　　培养提出正确问题的技巧并不容易。但是这种付出是有回报的。我们的一位客户就对一个内部团队加大投入，专门训练人们使用系统思考改善业务流程。这个客户是一家大型国家机构，在仔细审查了自己的账单、审计和注册登记之后，他们清理了价值数百万美元的浪费和低效开销。他们发现许多工作流程只是与客户的需求部分相关。这些流程都深植于传统和习惯当中。

系统思维和组织结构

　　一家旧金山的法律公司在主要业务领域面临着业绩下滑和竞争加剧的发展前景，于是他们向我们公司求助。

　　我们的情况分析显示，这家公司缺乏一致的管理理念。他们的主要业务领域——知识产权、房地产、遗嘱认证和企业，每个都表现得像一个独立的公司。在工作量和账目的管理上，四个不同的领域都有不同的薪酬和政策。"你们虽在同一个屋檐下工作，却存在四种文化。"我们这样告诉这位任事股东。

　　从系统的角度来看，这个问题被称为不一致的管理规范。它可能造成一个组织在整体文化的表面之下形成"泡沫文化"（bubble cultures）。公司的每位合伙人都按照自己的标准进行管理。绩效标准的不统一导致组织内产生了大量冲突。他们缺乏解决这些冲突的管理系统，致使合伙人更加关注自己的孤立单位。公司中的人对管理层不再抱有幻想，进而影响到公司吸引和留住一流人才的能力，这进一步加剧了公司业绩的下滑，使管理不一致的问题循环往复，不断出现。

为了解决其存在的问题，我们公司帮助其在公司推进了一系列决策的落实，形成了一种新的管理结构。一个由三人组成的领导团队被授权为整个公司设定绩效目标和标准。这个团队一到位，公司的文化就开始发生转变。管理准则的一致确保了整个组织的健康发展。原来的泡沫文化消失了。曾经让公司陷入瘫痪的冲突得以解决，因为有一个论坛来专门解决这些问题。

许多管理者没能解决这些结构问题，是因为他们将其看得太困难，或是自己作为管理者拥有缺点，或是给人们的自由带来了过重的负担。实际上，情况正好相反。迎面解决这个问题，建立一种可以整合系统并始终保持一致的管理结构，是减少摩擦和建立高效组织的最佳办法之一。

再举一个例子：当一家大型工程公司的创始人决定退休时，在三位合伙人之间引发不小的恐惧和惊慌。他们没有用领导力解决这个问题，而是每个人都更深地陷入自己的孤立单位之中。为了解决困境，他们向我们寻求帮助。

在采访了合伙人和其他雇员之后，我们使用系统思维帮助合伙人识别潜在的问题。由于退休者是公司最高的生产者，公司中的其他人已经习惯由他带来工作，然后分给其他人完成的这种模式。现在项目来源和项目管理之间的平衡被打破了。剩下的负责人必须决定是否填补其留下的空缺。三位剩下的合伙人中的两位选择接替离开之人的职位。另外一个人觉得自己还是比较擅长领导某个项目。这就产生了一个新的管理结构：一位 CEO、一位业务发展高级副总裁和一位客户服务高级副总裁。这个新的管理结构加上一份两年的业务计划，让公司重新站稳了脚跟。

更多关于系统思维的故事

系统思维意味着能够同时观察不同时间尺度的事物，从而解决它们之间的矛盾。比如，我们公司被请求帮助改造旧金山附近一个破败的城市社区。我们邀请了一些"专家"向居民小组提供自己的观点。一位城市规划者看过社区之后告诉居民，可以通过建造新的住房减少犯罪的发生；一群居民则激烈地争辩道，拯救社区的关键是减少公园内毒品交易；一位警察则说减少犯罪需要进行长达一年的秘密监视工作。

当我们引入系统思维之后，每个人都认为社区改造的关键是吸引新的居民入住。他们也同意达到这个目的的最好方法就是要让社区居民建立起对自己身份和所有权的更深层次认识。从这些见解出发，诞生了一种新型的社区邻里关系，80% 的居民参加了社区的定期会面。一个重获新生的社区观察团队涌现出来。在一年内，开发商开始建设新的房屋。犯罪率开始下降。人们开始回到这个社区，买房置业。邻里们举办了一场大型的街头集市来庆祝他们的成功。市长称赞这是城市更新的典范。这件事也成为当日报纸头条。

这些都是从系统思维中产生的结果。

征兆 VS 系统

当你鼓励人们使用系统思维时，你就是在让他们探索和确认工作中的潜在力量，而不是关注于表面的征兆。下面的表格展示了一些系统思维的"镜头"，你可以透过它们来观察自己的组织和环境。

系统思维透镜

镜头	"系统"视角	"征兆"视角
客户	始于特定部分的转变	新的、旧的、想要的、可有可无的
竞争	在市场定位和品牌中的转变	大小、接近度、成长、威胁、机会
技术	技术转变驱动新的商业模式	什么在起作用、什么是坏的、我们需要什么
运营	起到融合和协调作用的绩效评估（例如，平衡的计分卡）	不同的流程、工作单位、人员
管理	通过目的、核心价值观和愿景引领他人	通过目标管理
合伙人	协同优势（或没有协同优势）	想要的、可有可无的

　　绝大多数人习惯把自己的注意力集中在少数几个地方，例如，竞争或者技术。当你使用系统思维的时候，你采用了更全面的观点。使用系统思维，你也会发现没有那么多的变数要应付。因为你能退后一步，采用长远的眼光来看待事物，你发现挑选要处理的关键问题更容易了。结果就是一个更平衡的视角、更清晰的思考和更强的领导力。

　　当达尔文·史密斯第一次接手金佰利时，他发现这家公司深信其未来在造纸业中会有长久发展。金佰利的企业文化引起了他在生产配额和停工期方面的考虑。他对自己与高管团队间就棘手问题进行的对话，以及他们共同达成的见解表示赞赏，正是这些让他们走向了一个不同的未来：退出制造业，突出产品多样性的优势。舒洁（Kleenex）面巾纸和好奇（Huggies）纸尿裤就是这一愿景的结果。

汇丰银行的全球业务就是受到伊恩·斯图尔特（Iain Stewart）这样的系统思考者的指引。他将解决后台流程问题的当务之急和成为"世界本土银行"的长期愿景结合起来。他的一位高级管理者称："伊恩有毅力，也有能力去分析问题，这些都是在我之前合作过的领导者中不常见的。他不会停留在分析的第一个或者第二个层面，他会将其推至第三个层面。在这里，一切都融合在了一起。"

突破固有思维模式

要把握系统思维的重要性，最有力的方法之一就是记住我们都携带着自己的心智模式。心智模式是指潜在的习惯在许多方面限制了我们的想法。

比如，一家化学品制造公司的 CEO 遇到了一个问题，所以找到了我们。该公司的发展受到了资金的限制，而且新的股权投资似乎也因为客户数量稀少而充满不确定性。但比尔的公司还有解决困境的机会，就是其和三大顶级汽车制造商中的一家有着战略合作关系。而这家汽车制造商正试图进军汽车燃料电池市场。比尔担心这种战略合作关系会"吞没我们这家小公司"，他觉得公司的独立性正在遭受到损害。

解决办法就是检查比尔对于这场交易的心智模式。在他的想法中，这种战略伙伴关系会"吞没"他的公司。他会失去对公司的控制权。但是，比尔也知道这种合作关系会让公司处于一个更安全的位置。在我们的帮助下，比尔公司的合作伙伴就决策过程制定了具体基本规则。比如，涉及与第三方合作时，必须征得双方的同意。比尔的心智模式最开始阻止了他积极看待这种合作关系，而现在则发生了改变。最终，经过两家公司的努力，双方达成了一份对彼此都有利的协议。

还有另外一个关于心智模式的例子。在 20 世纪 90 年代中期，吉姆·塞耶（Jim Thayer）领导着一家大型国际建筑公司的市场营销部门。他富有雄心，聪明机灵，善于解决与数字相关的问题。吉姆有很好的市场意识，了解对手的优势和劣势。最后，吉姆被提拔，负责全球范围内的新商业机会的开发，其一年内的行程就超过了 10 万英里。

吉姆的向上管理做得很好。他始终和老板保持着沟通，让老板对他的印象颇佳。不管是什么样的交易，吉姆都会努力去达成。他为自己赢得了一个好名声，人们称其是一个挣钱比"蜜蜂酿蜜还要快"的男人。

吉姆也非常擅长影响他的同侪。在公司的管理团队中，他与每个人都建立了牢固的关系。他会确认同侪已经从他的营销部门得到了需要的东西。他告诉部门内的管理人员，内部客户和外部客户一样重要。在其他高管中间，他树立了值得信赖的名声。

吉姆的弱点是向下管理。虽然他和自己的老板、同侪关系牢固，但是吉姆却没有和他的下属建立良好的关系。他并没有花太多的时间去了解他们。在指导下属、帮助他们学习用新方法处理问题上，吉姆并没有表现出多大的兴趣。他的心智模式让他把自己放在了第一位。结果，他获得了一个雄心勃勃、追逐私利的名声。"我尊敬他。"吉姆团队中的一名管理者说，"但我不信任他。"

当公司开始寻找 COO 职位的新候选人时，吉姆认为自己是最有竞争力的人。公司聘请了一名咨询顾问，对每一位候选者展开评估。CEO 很意外地发现，咨询顾问对吉姆的评价很低。顾问说："人们不信任吉姆，认为他只会为自己考虑。"

结果是另外的人被聘为COO。在任命决定宣布后的第二天，吉姆找到CEO，询问自己是否能得到一些针对高管的指导训练。CEO说很好，他对此很欢迎。通过指导训练，吉姆了解到了自己的行为是如何影响他人的。但他仍然没有理解自己潜在的心智模式：他对下属的糟糕态度。

　　一天，吉姆回到家，得知了他11岁的女儿患有白血病。吉姆在医院守了女儿几小时。她差一点就死掉了。一年后，吉姆的女儿奇迹般地康复了。吉姆说那段经历永远地改变了他："在丽兹生病之后，我再也不会用原来的方法对待别人了。"

　　吉姆辞掉了原先的工作，开了一家小型的投资公司。看着他开的新公司，吉姆的一位密友这样说道："吉姆已经完全变了。他从过去的一只斗牛犬变成了我所遇到过的最体贴之人。"

　　现在为吉姆工作的人都认为他是一个值得信任，心胸开阔的人。"我知道我能够从他那里得到真诚的意见。"一位雇员这样说，"他从不故作夸张。当他反馈给我东西时，我知道他是真心实意的。"

　　以下是关于系统思维如何有助于解决潜在心智模式的另一个例子。"我有两位副总裁，每个人都对自己的工作非常擅长，但两个人就是合不来。"一位非营利机构的执行理事这么告诉我们，"我花了非常多的时间来调解他们的冲突，但仍然没有效果。我还能做什么？"她问道。

　　当我们采访当事人时发现，这位执行理事很明显曾试图通过安抚的方法来调解这些人际矛盾。她告诉两位副总裁哪些工作是好的，并督促他们更好地沟通。她在学习温斯顿·丘吉尔声明中来之不易的智慧："刻意讨好鳄鱼，无非就是希望自己是最后一个被吃掉的人。"

当我们进行更深入的探讨时发现，这位执行理事与两位副总裁都是非常要好的朋友。一旦她用系统思维的眼光来审视这个问题，答案就变得明显了：她的一个心智模式是，害怕一旦使用公司赋予自己的权力，公事公办地处理事情，就会影响她与两人之间的友谊。她的另外一个心智模式是，共享领导就意味着人们要共享责任。但是她没有看到她的两个朋友正在为她的友谊展开争夺。这位执行理事混淆了私人关系和工作关系，她的两位副总裁也同样如此。

使用系统思维，她能够开始理解事情的真实情况。她意识到自己的工作关系应该放在首位。她向两位副总裁解释，她不会再在工作之外和他们进行任何社交活动。她告诉他们，今后她只会通过数据来评估两人的工作。之后，她要求我们公司帮忙推动新型绩效计分卡工作的开展。

使用系统思维，你可以评估自己的视野盲区，找到自己的心智模式。通常你有什么假定会阻碍自己做出事关公司的可靠决策？如果你客观地看待自己，有哪些地方是自己可以提高改进的？想想自己组织中固有的"裂痕"。最让人感到焦虑的地方在哪里？在多大程度上，你成了自己心智模式的受害者？你有没有在与你相关的每个领域都投入精力？你和客户之间是否进行了足够的交流？你是否很好地处理了寻求新业务和保留现有业务之间的关系？你是否定期和自己的直接下属会面？你是否对有助于你决策的财务数据足够关注？反思这些问题将有助于你成为一个更好的系统思考者。

动态复杂性

《第五项修炼》（*The Fifth Discipline*）的作者彼得·圣吉（Peter

Senge）指出，人类是处理细节复杂性的专家，但是缺乏处理动态复杂性的能力。我们都非常擅长笛卡尔式思维——将一个过程或者机器分解成其构成成分。但我们没有迈出自己的范围，没有看到施加在我们身上的动态作用力，也没有找出解决问题的有效办法。

作为人类，我们应对动态复杂性的集体失败导致了公地悲剧（tragedy of the commons）的产生。我们的大脑是以这种方式连接起来的，以至于我们不喜欢解决复杂的问题，而这些问题很容易让多个团体受益。所以我们只关注简单和线性问题将不利于更重要问题的解决。

一个明显的例子就是环境。我们的生命质量依赖于我们的环境质量，但我们似乎还是无法有效应对全球变化、饮用水和空气质量下降，以及大规模毒物的清理等问题。系统思维揭示了这些问题的重要性。但是公地悲剧仍然在继续。为什么？部分原因在于我们不能应对动态复杂性。

这也为建立高效组织提出了挑战。这个世界正在变得越来越复杂，而不是越来越简单。有效的领导意味着教会人们如何应对动态复杂性。以下是一些可以采取的策略：

• 建立新的信息源，提供你的公司或者所在行业做法的领先指标。引入新论坛以分享信息。将新数据和研究带到论坛上来，让人们讨论其含义和影响。

• 平衡团队中系统思考者和线性思考者的比例。

• 让人们将注意力转移到理解病因而非治疗症状上。

• 挂起假想圈的图表，要求人们定期对得出结论的数据进行解释。

• 彻底根除干扰。不断问自己："在这个目标实现之后的目标是什么？我们想用这个程序达到什么目的？如果我们真的拥有这个程序，它会带给我们什么？我们如何更好地投入时间、金钱和人员？"

· 创建论坛，让人们在这里分享关于系统思维的文章和书籍。

· 围绕着公司的核心价值观和愿景构建健康的竞争。组建团队处理复杂的挑战，对失败者和成功者都进行奖励。

· 设立特殊的"系统思维"团队。让他们认真研究某个特定的流程。要求他们提供反馈和建议，以解决任何可能将"噪音"引入流程之中的替代谬误、反馈延迟或者对因果关系的假设。

· 教会人们尽量减少系统延迟的方法：设置反应时间和做出决定的标准。

一旦人们开始将系统思维用于动态问题，你更有可能找到杠杆化解决方案，实现绩效上的巨大突破。比如，一家主要供应食品的公司不能在每天早晨运送食品的卡车离开卸货点时及时付款。为此，一个团队被组建起来以提出一个解决方案。在应用了系统思维的规则之后，团队成员反思了收账部门运作模式。收账部门的人们一直坐在三楼的财务部门内。团队建议将收账部门搬至卸货点。

这个解决方案很棒。收账人员在他们付款之前迅速通知卸货人员要不要卸货。此举给财务表现带来了巨大的飞跃。

杠杆化的解决方案可以显著提高绩效。它们是清楚了解后果，进行思维创新和突破心智模式后产生的结果。这对建立一个高速发展的组织至关重要。

结论

通过观察领导者和管理者的行为，我发现保持系统想法面临着三大挑战。

第一，我们生活在一个变革加速的时代。人们很容易被每天涌入视野中的事件和问题分心，正如一家医疗保健系统的副总裁告诉我："每天 24 小时都像在救火一样。"人们自然而然地把注意力集中在要解决的问题上：谁没有执行任务；预算是否达到要求；或者需要注意的后勤问题。人们很容易在细节上陷入困境，忘记使用系统思维去提出杠杆化的解决方案。

第二，人们没有接受过系统思维的训练。很少有公司提供这种训练。很少有人力资源经理能够认识到其价值。系统思维根本没有被列在优先事项之中。结果就是，没有能让领导者和管理者一起参与系统思维训练的论坛和对话。缺乏围绕着系统思维的对话，就很容易错失机会。

第三，除了日常的分心和缺乏训练之外，避免面对根深蒂固的问题也是人类的本能。"有一些问题我宁愿丢在一边。"一位管理者说道，"我们必须拥有选择的权力。"这可能是人的本能。但是如果不能根据数据，挑战假想或者使用系统思维解决潜在问题，最终会使组织陷入危险之中。只要看看通用汽车公司、雷曼兄弟和安然公司就知道了。相比之下，想想保时捷，其在 25 年间始终在一心一意地设计建造高品质的汽车。保时捷成为世界上最赚钱的汽车公司并不是巧合，而且毫不奇怪。保时捷的管理者都注重核心价值观，注重有原则的绩效，注重从系统视角来分析客户和竞争对手。正是这种想法建立了高效的组织。

第九章
共享意识：
沟通提升团队凝聚力

在一次与加州大学一个神经科学家团队为期一天的会议中，我提出了这样的一个问题："除了得到研究拨款之外，什么最能让你们在所研究的领域获得突破？"

　　"如果我们要成功，"他们其中的一位说道，"我们需要了解每个人都在学什么。弥合差距是我们面临的最大挑战，也是我们最大的机遇。"

　　"正是如此。"另外一个人附和道，"我们每个人都只专注于自己的个人领域。就像大爆炸理论一样，我们的星星正在飞速地远离彼此，远到我们几乎看不到对方。"

　　"我们能够获得研究资金和建立自己的声誉都是因为专业，但是随着我们越来越专业化，让人觉得讽刺的是，我们获得的最大突破就是当我们进行专业间合作的时候。"另外一位说道。

　　我问他们：有没有人尝试直接激发这种合作？

　　"我们组建了一个跨学科团队，"一个人说，"我们每周碰两次面。起初进展非常缓慢。但这种会面产生了一种对神经发育障碍的全新认识。"

另外一位科学家补充道："当我们在三个层面——行为、发展和生理方面达成共识时，我们就在自闭症研究方面取得了突破。每个专业都有不同的历史、不同的实验方法和不同的学术语言。我们能取得这个成就，这无疑是一个巨大的飞跃。"

> **法则 9：增加沟通**
>
> 为了建立信任和激发创造力，你需要在整个组织内增加沟通模式。在内部，这意味着要创建整个公司的论坛，让人们能够对话、分享信息并保持持续不断的学习。这也意味着关注内部沟通。由于不存在"故意低调"的现象，领导者需要发明沟通的新方式，形成与客户、股东和其他人沟通的准则。

这种超越差异，寻求实现突破共同基础的沟通对于我来说并不陌生。但对于这个群体来说却是新的。我问他们，需要怎样做才能更好地弥合差距？

"我们需要重新思考沟通方式。"其中的一人说道。

"那这里的人谁能负责呢？"我问道。

"问得好。"另外一位科学家说道，停了一会后，他又说："我猜我们都会负责。"

人们开始抛出各种想法，他们变得充满活力。一个小时之内，他们已经确立了新的合作沟通论坛的五种新策略，并同意尝试所有这些策略。他们还决定每个季度都开一次会，以评估他们沟通得如何。他们在沟通方面实现了飞跃，将其提升至新的规模。

沟通的重要性

如果前面八章内容用一句话来概括，那就是它们都是关于新型沟通系统的。看一下这个法则清单和沟通中的相关变化吧。

信任	
法则	**沟通中的相关变化**
1. 调整核心价值观	• 人们定期开会，谈论核心价值观——它们意味着什么，如何使它们具有可操作性。 • 在整个组织内沟通分享与核心价值观有关的绩效表现。
2. 明确工作重点	• 领导者和管理者定期讨论组织的愿景，围绕着要完成的优先事项明晰焦点。 • 在实现愿景和完成优先事项的过程中，人们定期讨论已取得的进步（和任何阻碍）。 • 业务部门定期讨论他们的优先事项，使他们的优先事项与战略焦点相统一。
3. 带领他人	• 决策角色得以澄清。 • 权力得到授予。 • 来自团队和个人的期望得到定期的沟通。 • 团队的运营原则得到讨论和沟通。 • 会议是在充分沟通的背景下进行的。 • 人们会就冲突展开直接沟通（不必通过多方）。 • 人们定期给出并接收积极的反馈。 • 人们接受定期的训练和发展。

4. 优化管理决策	• 授权界定清晰。 • 人们的一个决定是基于协商和共识展开清晰沟通。 • 人们定期就决策过程展开沟通,并做出澄清。 • 人们定期就特定的决策角色和责任展开交流。
5. 从自己做起	• 人们能够在沟通过程中管理和控制自己的注意力。 • 人们掌握了沟通的四种能力。

创造力	
法则	**沟通中的相关变化**
6. 加快变革步伐	• 绩效信息分享于整个组织之内。 • 群体定期召开会议,讨论提高业绩的方法。 • 学习循环得到创建和沟通。 • 群体定期召开会议,讨论如何提高学习循环。
7. 激发创造力	• 人们能够自由表达他们的想法。 • 人们探索和分享做事的新方法。 • 管理层定期鼓励和庆祝创新活动。 • 管理者就他们想做的事情和雇员展开一对一的交流。
8. 扩散系统思维	• 团队就使用系统思维方法的问题展开沟通。 • 人们定期谈论工作系统。 • 人们定期对彼此提出挑战,要求他们解释各自的推理和结论。 • 定期沟通系统思维方案并庆祝成功。

正如我在第五章中提到的，沟通这个词有"使普遍"的含义。为了建立信任和激发创新，你需要使用所能使用的所有沟通工具。如果你认为自己已经进行了足够的沟通，那就再想一想，你只是刚开始。你仍然还处于三维世界，需要扩展你的想法。

让我们先看看组织内部。至少有四个维度需要考虑：向上交流，向下沟通、贯彻整个组织并持续不断地沟通。我将之称为沟通的"四维"（4-D）。每个我曾碰到过的领导者和管理者都在四个维度中的至少一个维度上存在沟通的问题。有一些人更擅长与同侪沟通，有一些人更擅长与老板沟通，另外的人则更擅长与下属交流。许多领导者在三个维度沟通得都很好，但是在持续不断的沟通方面做得却不是很好。重要的是，对你最弱的那个维度进行反思，加以总结；认识你的不足之处并进行相应的弥补。

我曾指导过一家投资银行的领导者，他在与下属沟通方面非常有天赋，但是在跟老板沟通时却显得很糟糕。约翰从没有让老板知道过他在做什么。他与老板的信任已经被侵蚀到老板正在考虑解雇他的地步。我们与约翰的老板进行了一场 30 分钟的会谈，在会谈的前 15 分钟里约翰回顾了过去一周内自己所做的关键决定，在后 15 分钟里我们关注于有哪些关键决定还尚未做出。随着时间的推移，他们之间重建了信任。

绝大多数管理者和领导者应该花原来两倍至三倍的时间进行沟通。当然，这个需要花费精力，投入其中。但是如果你想建立信任并激发创造力，你就不得不创造出这样一种环境：人们知道正在发生的事情，能够经常分享想法，养成解决关键业务问题的习惯，而不必担心受到报复。这一切都从你开始。如果说你想要更多地沟通但是不想改变自己的习惯之类的话是愚蠢的。问自己这些问题："在一个理想的世界中，我如何更有效地进行沟通？""我需要分享给别人哪些信息？""我需要建立哪些定期论坛？""我如何加强整个公司的信息沟通活动？"最优秀的领导者会创建各种各样的论坛，包括一对一的会面、部门会议、主题论坛、全体会议、全天放松活动（all-day retreats）和社交聚会等等。

当你和电影或舞台剧演员交谈时，你会发现最好的导演能够创造出一个可以提出新想法、相互沟通和尊重的场所。在组织内部也同样如此。如果人们总是对表达意见充满后顾之忧，那么信任和创造力不可能发展。关键是把现有的沟通水平提高至三到四倍。这看起来像是一笔不菲的投资。但是随着人们开始以新的方式进行沟通，你会感受到组织的文化正在发生改变。

外部沟通

沟通的四个维度看起来已经足够了。但是领导者也必须同组织外部的利益相关者进行沟通。当你把所有不同的群体囊括进来之后，沟通维度的数量就会扩大到 12 个。以下是你需要留意的外部群体名单，以及它们需要听到的重要信息。

1. 客户：你的客户需要了解你的公司为什么而奋斗。是低廉的价格？追求卓越的承诺？准时送货？还是所有的这些？你的潜在客户同样需要知道这些。

2. 股东：你的股东需要知道公司的运营状况和发展方向。很明显，他们需要知道财务信息。同时，他们也需要听取公司的高层战略愿景和规划。

3. 供应商和分销商：你的供应商和分销商是你价值链的一部分。把他们当作你的顾客一样沟通。

4. 监管者：许多公司的监管者都和员工一起工作。你应该与他们之间建立信任，将他们纳入到学习循环之中，就像你对自己的员工一样。

5. 媒体：最优秀的公司不会等待回应的机会，它们会积极地培养与媒体的关系，主动将自己的故事传播出去。

6. 监督群体：成功的公司会积极地让监督群体参与解决关键领域的问题，与其建立起信任关系。在瞬时信息遍布的今天，通过解决问题和投入变革，而不是维持现状，你能够收获更多。

7. 工会：成功的公司会通过与工会领导人定期会面和沟通，建立起与工会有效的关系。你能够通过认识彼此共同的利益和互惠的目标（财务成功和保留工作）来建立信任。你通过让工会领导理解公司的发展方向和工会人员的重要角色，来激发创造力。

8. 政府领导：不论你的公司在哪个城市或者城镇，你都需要与当地当选的官员和领导者培养好关系。你需要和他们有共同的目标；而这些关系最好建立在你需要他们帮助你解决问题之前。

关于与外部利益相关者接洽和沟通的内容，我可以写一整本书。我先指出其中重要的几点：第一，你不需要给每个群体不同的信息，你只需要能够引起所有人共鸣的整合信息。第二，你需要借助不同形式的媒体，更好地通知到这些群体（这也是需要单条整合信息的另外一个原因：你无法控制哪个群体通过哪种媒介收到你的信息。）。最后，需要信任和授权给组织中的人让其与外部的利益相关者进行交流。有这么多不同的沟通形式，严格的命令和控制策略已经不管用了。

开发你的信息框

思考沟通的一个有效方法就是"信息框"（message box）。这个框应该包括推动你进行所有沟通的一到三个关键信息。如果你已经理解本书之前的章节，那你就该知道首先应该关注什么：你的核心价值和愿景，也就是那些你想要达到而且应该成为你信息核心的影响与结果。

信息框

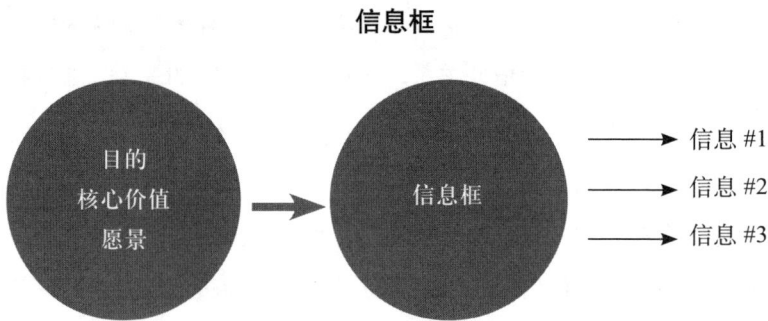

例如，你的信息框可能是"我们只关注一件事：我们的客户"。如果有人问你如何解决资金问题，你应该说的第一件事是："我们专注于我们的客户。只要我们在这方面做得好，我相信资金的问题会迎刃而解。"每次交流都应该从消息框开始。保持这种方式是一项艰苦的工作。它可能让你感觉到自己一直在重复做一件事。但就保持一致性和建立信任方面，这种努力是值得的。

请记住，你的信息框应该包含一到三条简单信息。一方面，不要尝试着为某个特定的组织定制信息。如果有太多的信息，人们收到的内容就会不同，他们就会认为你和你的公司缺乏诚信。另一方面，如果你从某个目的出发，进行交流，人们会感到承诺和诚信。

例如，你的信息框可能是："我们的愿景是为我们的客户、股东和社区创造长久的价值。我们的核心价值指导着我们做出所有的决定。"如果有人问你为什么想开一家新店或者建立新的合作关系，那么这就是你的信息，就这么简单。

用符号增强信息传递

符号是一种传达信息的强有力的方式。符号可以唤起情绪，改变思想，促使人们采取行动，而这些都是单纯用语言无法做到的。符号可以有多种形式：它们可能是物体、行为、故事、仪式或者特殊语言。

位于纽约迪尔帕克（Deer Park）的卫星装备制造商 EDO，其大厅中存放着该公司在过去 25 年间帮助设计和建造的、用于军事卫星的大型照明设备模型。这一举措带来的影响是巨大的。虽然没有标识出来，但是其要传达的信心很明确："EDO 对我们国家的防卫至关重要。"

符号化的行为可以传达出无误的信息。当迪克·库利（Dick Cooley）接手富国银行（Wells Fargo）时，他撤掉了管理人员专用的餐厅，砍掉了其他行政补贴。他要传达的信息是："对于削减成本，我是认真的，并且从我开始。"作为巴尔的摩的市长，威廉·唐纳德·谢弗（William Donald Schaefer）受够了路面坑洼的问题，启动了一项"领养一个坑洼"的项目。这个项目不仅为修复坑洼募集到了资金，而且在全国范围内得到宣传，让城市公共工程部门自觉尴尬，将路面坑洼的修复列为当务之急。

符号化在成功的广告宣传中起着巨大作用。雅虎的名字（和牛仔叮当声）象征着它起源上的桀骜和狂野的西部特质。有一段时间，斯普林特（Sprint）的电视广告中有一根针从桌子上掉落的画面。其要传达的信息是：我们的服务很清晰、安静，就像你可以听到针的掉落一样。

符号	强化的信息
戴维·帕卡德在帕罗奥托简陋的家。	惠普不是一家只赚钱的公司，它具有谦逊的团队精神。
西南航空的花生。	这是一家与众不同的航空公司。
金佰利卖掉自己的造纸厂。	我们将不再是造纸厂，而是纸制品供应商。
美盛集团取消私人办公室。	我们是一个平等的团队，我们一起工作。
路易斯·郭士纳取消了 IBM 的组织结构图。	我们不再关注自己，而是关注我们的顾客。
有人在 Monster.com 升职时，可以得到老板亲笔书写的卡片。	我们为每个成员的成功而欢呼庆祝。
在戈尔公司，每个人都是"同事"，而非"雇员"。	我们同等重要。
大众汽车的电视广告："司机想要的"。	我们不是在卖一辆车，而是在邀请你参加一场革命。

积极利用媒体

在 2013 年，最受欢迎的 Youtube 视频播放量为 7 亿。在 2008 年，最受欢迎的网站的点击次数为 200 万。在 2000 年，当互联网泡沫开始破裂的时候，你会发现网上有超过 200 个参考文献指向"互联网泡沫"。这就是我们媒体世界发生的迅猛变化。

在这个信息快速传播的世界里，你的组织需要一个全面的媒体战略，以便与客户、股东、员工、供应商、监管者和所有关心你和你组织的人建立信任关系。第一步就是将你的信息框放入你的核心价值观和愿景中。下一步就是发动媒体，在许多不同的论坛进行沟通，让你的信息被人们听到。

我说的"发动媒体"是什么意思呢？每种形式的媒体，不管是社交媒体、传统媒体，还是介于两者间的其他媒体，都可能是你的朋友或者敌人，这完全取决于你对于媒体多样性和潜在能力的理解。杂志和报纸在传统墨水、纸张上的投入与社交媒体在能源、资源上的投入一样多。"新媒体"和"旧媒体"之间的界限日益模糊。随着所有形式的媒体都变得更加直接，具有互动性、可搜索性和可定制性，所有这些媒体间的界限就都可能会消失。

如果媒体得以巧妙地运用，你可以为自己的事业吸引数以万计的人。这种革命性的变化需要你掌握许多新媒体。你不必再去说服编辑和记者，让他们相信你的信息很有趣。你可以直接接触到数百万人；你可以使用社交媒体和你的雇员交流；可以定期给你的客户发送电子邮件；可以在重要问题被提交之前，给股东发送短信；可以通过定期撰写博客来影响你的行业。总之，通过积极利用各种各样的媒体，你可以增强沟通，引领谈话，可以通过建立信任和激发创造力的方式同各种群体展开交流，而且不必经过传统的媒体渠道。

与记者合作

与此同时，能提供优秀内容的新闻工作并没有消失，它只是改换了形态。记者正在从传统的印刷媒体转移到数字领域，或者找到弥合两者差距的方法。所以在你利用数字媒体进行直接沟通时，不可以忽视记者和编辑。他们仍然扮演着关键的角色，而且应该成为你有效沟通战略的一部分。所以要抵制将记者看作敌人的诱惑。相反，你应该与他们合作，采取积极主动的心态，而非防卫戒备的心态。

那"与记者合作"意味着什么呢？这意味着你要与自己所在行业中的重要记者建立关系，让他们能够找到你。作为交换，在你需要将自己的信息传播出去的时候，向他们寻求帮助。与他们合作就是要把这四件事做好：（1）了解记者的动机；（2）理解不同媒介；（3）提前确立基本规则；（4）建立持久的关系。

了解记者的动机

我曾经做过报社记者。我从经验中得知，记者并不是要对你这个人怎么样。首先也是最重要，他们在搜寻的是事实、趋势或者有趣的花絮，是构成一个好故事的原料。记者喜欢从源头上了解这个故事，而非通过发言人或者公关人士。所以你要亲自花时间培养这些关系。

记者不喜欢被欺骗或者被误导。谁不是呢？但记者不像普通人，他们拥有制造新闻的力量。所以如果你的组织发生了一些不好的消息，那就直面它，不要试图掩盖，在第一时间告诉记者实情；如果你不能告诉他们所有的事情，给他们一个你为什么不能这样做的真实理由。"我不能将细节透露给你，因为它会在某个关键时刻给我们的谈判带来困扰。"这要比"不予评论"好得多。律师会建议你不要和媒体交流，我相信你应该与他们交流，因为这有助于信任的建立。

理解不同媒介

记者们都有不同的截稿日期和不同的需求，具体取决于他们从事的是哪种媒介。电视记者与报纸记者截稿日期并不相同；博主需要即时消息；杂志记者的截稿日期可能长达 30 到 60 天。了解每种媒介的独特需求需要练习。你可以这样询问这些媒介工作人员："你的截稿日期是什么时候？你寻找的是什么？我如何帮助你？"你会惊喜地发现，记者会以最体贴的方式进行积极的回应。记住始终保持最重要信息的优先沟通。

提前确立基本规则

记者是按照一定的基本规则来工作的。如果你知道这些规则是什么的话，你就有很大的优势了。第一条规则就是除非提前已确立其他协议，否则任何与记者的谈话，无论多么随便，都要"记录在案"。有记录只是可能性之一，你的谈话也可能没有记录，这意味着它不会以任何形式或者在任何背景中出现，意味着它可以被使用但是不归属于你（在这种情况下，你可以定义归属人的特征，比如"公司负责人"）。

提前确立基本规则能够让你掌控整个讨论过程。否则，你就要任凭记者摆布。我指导人们这样说："我很高兴和你交谈。但是有一些基本原则我想是双方应该遵守的：我们的最初的谈话不会被记录在案。一旦我们谈过了，你告诉我你想把什么放入报道中，我们一起来讨论。"然后，你问这些记者，他或她是否同意这些规则。如果记者同意的话，这个讨论就会在没有记录的情况下继续推进。

记住，如果你事先澄清了基本规则，你就可以控制这个活动。有些记者可能不喜欢，但是他们会予以尊重。如果你非常坚持自己的条件，他们通常很少拒绝。如果记者真的拒绝了，那么你最起码知道了你所处的位置以及可以前进的方向。当然，你可能会说，这会让你受到一个不诚实记者的威胁。但是绝大多数的记者都是值得尊敬的。他们的声誉和工作，都要靠这个。

建立持久的关系

找到一个专门报道你所在行业新闻的记者很容易。循着他们文章的署名或者他们的博客就可以找到。培养与他们的关系！邀请一个记者出来吃午饭，或者在不被记录的情况下通过电话交流。告诉记者你拥有的专长和你能贡献出的故事类型。询问他们正在进展的工作。如果你尊重记者，他们更有可能长期帮助你。你不会得到你想要的一切，但是他们能够帮助你从困境中脱离出来。

一旦你进入了他们的资料库，那就等着他们的电话吧。他们或许想获得背景信息来充实故事，或许是一个引述。不要犹豫，让记者知道你对形成一个好故事的想法。与记者的良好关系能够在今后给你带来巨大的收益。

最重要的是，将记者看作是一个有工作要做的人。如果你能给记者指出一个有趣的故事，那么你就会被他们认为是一个好朋友，一个在紧急关头愿意倾听他人讲述的人。所以投入这段关系，就像处理你与重要供应商和客户的关系一样。

吸引利益相关者

一家公用事业公司打算规划一条新的传输线，按法律规定，线路沿线附近的业主必须被通知到。当一个开发商想要建设新房屋时，需要展示出一部分工作流程，证明你是在抱着良好的愿望与当地邻居和业主共同努力，以减轻任何负面影响。在这些案例以及其他许多类似案例中，领导者都要学会如何有效地吸引利益相关者。

当你和外部利益相关者交往时，你的目标就是将计划传播出去，并征求他们的意见，让他们感受到自己也是决策程序中的一部分。有一些办法能够做到这一点，即建立起你与外部利益相关者间的信任，当然也有办法可以轻易毁掉信任。向他们澄清决策的进行过程是非常重要的。第四章中已经阐明了决策的不同类型和决策图的价值。准确地获取反馈是另外一个关键。还有一个关键是，所有利益相关者都应该参与进来，而不仅仅是那些对你的项目持友好态度的人。最后，最好创建一个人们可以听取对方观点的论坛。那样的话，人们会明白你是真的愿意听取各种各样的反馈。

例如，在带领加州的一个特别工作组制定医疗保险政策时，我们召集了一个由保险公司、医院、医生、研究人员和消费者代表参加的多元小组。特别工作组的每次会议都是从审查决策的基本规则开始的。每次会议之间，我们都会展开调查，对草案的共识达成程度进行评估。随着时间的推移，工作组的成员看到了每个代表的立场，理解了彼此的观点，信任也得以增长，达成协议的数量也随之增长。在工作结束时，我们已经就 50 多项建议达成共识，以供立法机关制定政策。

正确处理危机传播

领导者应该对危机处理有所准备。危机也许永远不会来，但是未雨绸缪是你作为领导者的责任。

当危机发生时，那种感觉是前所未有的。事态发展的速度完全脱离了你的掌控，细小的事情被放大，完全脱离了原来的样子。面对令人眼花缭乱的数据、选择方案和需求，你很想缩到一个保护壳中，等待着外面事情的结束，想从别人那里得到解决问题的线索或者让别人告诉你应该怎么做。你要抵制这种诱惑！当你身处危机之中，应该记住信任和共情的力量。首先要保护其他人——客户、雇员和公民，而不是你的股东或者你自己。保护的优先顺序是公众、客户和股东。为什么呢？因为组织的长远声誉和善意要比给股东价值和自己的工作保障造成的短期风险更加重要。

信任—共情矩阵

承担责任和采取补救措施的意愿 高↑信任↓低	你得到更多的机会。	你受到嘉奖。
	你成为过去。	你受到惩罚。
	低←共情→高 不责怪他人或者组织的程度	

看一下上面的信任—共情矩阵。信任的水平掌握在你自己的手中。你在压力下做出回应的坦诚程度将决定你是轻松地走向安全状况，还是摔落在地。如果你坦诚公开地进行沟通交流，尽快提供你所拥有的全部事实，你就能建立信任，事情的发展也不太可能完全脱离控制。如果你隐瞒了有关事实或者让记者发现了更多值得深究的线索，你就会削弱信任。记者就会攻击那些误导他们的人。事情就会变得令人难堪。

共情的水平很大程度上是由周围环境决定的，是某人或某事导致了危机的发生。如果你或者你的公司在这次危机中不负有责任，那么共情水平就会上升。如果你或你的公司是一些自然灾害的受害者，那么共情水平就会进一步提升。另一方面，如果你实施了犯罪或者意外地引起了伤害，共情水平就会下降。有时候会进一步下降。

虽然共情水平很大程度上不由你自己控制，你仍然可以做些事情使事态发展倒向自己这边。比如设法承担责任，即便并不是你的过错。这可能让你觉得有悖常理，尤其明显有另外的人应该对此事负责时。但是重构和扩展你的责任范围，会让更多的人体会到你的处境，有助于你走出危机。

一个经典案例就是 1986 年造成恐慌的泰诺（Tylenol）事件。当时超市的货架上发现了含有氰化物的泰诺胶囊，很明显这是病理性原因造成的。强生（Johnson & Johnson）公司的高管层本来可以将精力放在犯罪和敦促警方负起追捕作恶者责任的方面，但他们没有这样做。公司召回了所有的泰诺产品，设计了强大的防篡改包装，并大力宣传以提高公众对此的认识。强生公司的高管们明白，必须要为消费者的安全迅速承担责任。据估计，在此次事件中，强生公司总共花费了近 20 亿美元，但是这件事件之后，公司销售市场的表现反而更加强劲了。

与此相反，还有另外一个经典案例。1989 年，油轮埃克森·瓦尔迪兹号（Exxon Valdez）在阿拉斯加威廉王子湾附近搁浅。1100万加仑的原油泄露在原始天然的海岸线上。事件发生后，埃克森的CEO 劳伦斯·罗尔（Lawrence Rawl）没有快速地采取措施，承担责任，而是发布一系列的新闻稿，称公司正在调查这一事件。将原油泄漏遏制在一定范围之内的机会被浪费掉了，数百英里的海岸线受到污染。

对此，公众愤怒不已，公司的声誉也随之暴跌。在罗尔勉强宣布将负责清理之前，已经过去了好几个星期。最后，数千名工人和志愿者受到动员，清理泄漏石油，挽救野生动物，尽可能地减少损害。但是因为其反应太慢，埃克森的公共形象已经严重受损。当时的环境保护局局长威廉·雷利（William Reilly）称罗尔的反应是："在公司出现麻烦时，不与公众进行交流会发生什么的典型案例。"[1]

勇于担责的领导者

当公司受到攻击的时候，其领导要成为挡板。他们需要成为第一批承担责任的人；他们需要接受指责，并包揽其他人的责任。这里有五种方法可以帮助你成为一个更成功的挡板。

首先，保持自己的观点。不要认为人们的第一反应总是正确的。稍微等等，收集数据，在清楚事情的进展状况之后再采取行动。如果记者来电话，你可以这样说："我们不确定发生了什么；只要我们发现任何事情，我们都会让你知道。"菲尔·杰克逊（Phil Jackson）是一名 NBA 的篮球教练，他必须处理篮球比赛中最根本、最重要的问题，他需要保持冷静，需要将精力集中于全局之上，记住整个赛季的表现不取决于一场比赛。如果有什么来自裁判的不好消息呢？杰克逊还是专注于全局。他已经准备好应对来自媒体不断的压力了，因为他已经学会了"摘出自我"。[2]

第二，运用你的幽默感。加州公用事业委员会的负责人在面临媒体对于自己在加州能源危机中所起作用的恶意提问时，她是这样说的："至少我没有让今年的极地冰盖融化。"幽默让她显得更酷、更平静、更泰然自若。

第三，要高尚。人们尊重高尚的行为。没有比讲真话和承担责任更让人觉得高尚的了。要做到这一点需要的不光是语言，在这个媒体透明的时代，人们需要看到证据。

第四，通过承认他人的忧虑来安慰人们。当美林证券被美国证券交易委员会调查时，一位美林的管理者将员工召集到一起说道："我们现在受到了很大的压力,但我知道我们能一起度过这个阶段。我发誓会让你们知道事情进展的每一步。"因为这位高管承认了员工的恐惧，所以提供给员工释放自己忧虑的出口，之后，员工们变得安心了许多。

第五，给自己一个释放工作压力的例行程序。菲尔·杰克逊是通过冥想；比尔·克林顿则是通过慢跑和打高尔夫球。每个成功的领导者都有一些手段让自己释放压力，获得平静。

早期检测系统

当然，避免处理危机传播的最好方法就是在最开始时就避免问题的出现。在一个问题变得严重之前检测到它，即及早发现是每个情报专家都熟知的原则。重要的是，你如何在组织中贯彻这样一个系统。有三个关键步骤：（1）决定测量内容；（2）建立早期监测系统；（3）建立监测团队。

决定测量内容

你需要能够预见到会对你的业务、雇员、客户和关键利益相关者造成重大威胁的情况：比如工作中的事故、贪污、工作场所的暴力、缺陷产品、服务中断等等。在决定注意什么时，不要依赖客户调查等落后的指标。看看那些主要的指标，比如你的前线人员告诉你的东西。一家提供 IT 解决方案的公司总是密切关注其团队在预算和时间方面的表现。他们知道一个团队什么时候脱离了路线，并且能迅速地采取措施。我们一个客户建立了一个风险"热图"（heat map），能够辨别出七种不同类别的风险。比如：在财务类别中，它列出了信用评级、现金流和监管变化，用红色、琥珀色和绿色的底纹突出其潜在关注的领域。

建立早期监测系统

一旦你知道需要关注什么，下一步就是建立监测系统。公用事业公司会投资"故障检测系统"，以搜索线路中断的证据并将信号发回调度室。在大型银行中，交易的准确性是由复杂的神经网络来衡量的。这些人工智能系统会不断地搜寻违规行为，找到最严重的危险所在。加州就曾使用过复杂的算法来预测可能的医疗福利欺诈行为。

早期监测系统必须根据你的特定行业和需求进行定制。零售杂货连锁店通过检查随机包裹查看是否有变质损坏和蓄意破坏的现象。一位企业业主要求将公司的银行结算单快递至自己的家里，而不是工作地。"我相信我们会计部同事，他们也知道我会第一个发现任何违规行为。"她说。

当你建立了一个早期监测系统，不要认为自己可以只关注自己喜欢发生的事件。正是一些不太可能发生的事情触发了最重大的问题。关键是要建立沟通论坛，让人们能够谈论潜在风险，决定是否有合适的系统能及早发现异常情况。

建立监测团队

一旦知道了测量内容和测量方法之后，人们就需要定期监测和讨论信息。建立一个包括前线人员在内的跨领域团队是个好主意。这个团队应该由能够在压力下保持冷静和开放思维的人来领导。如果必要的话，他应该有绕过管理中层，直接向 CEO 发出警示的权力。

这个团队应该对如何避免急于得出结论进行训练。在压力之下，你的第一本能往往是错的。在过去，令人恼怒的相似事件已经发生了太多次。例如，在 2001 年 9 月 11 号世界贸易中心遭到袭击之后，FBI 就劫机者的相关状况进行调查，查看事件发生前是否已经有迹象预示此事的发生。研究发现有一份亚利桑那特工写的备忘录，警示了伊斯兰极端分子可能会前往飞行学校。这份备忘录警告极端分子想驾驶喷气式飞机进入建筑物，奥萨马·本·拉登想要通过引爆世贸中心的方式来"完成这份工作"。但是 FBI 的高层没有得到通知，因为这些信息被认为没有足够的可信度。

"挑战者"号航天飞机于 1986 年 1 月爆炸，飞机上的七名宇航员全部遇难。事件过后，调查者对整个事件进行了回顾，查看是否会有什么发现。结果，他们发现了一系列的备忘录，警告在助推火箭 O 形环处存在隐患。管理层忽视了这些备忘录。他们认为没有足够的证据来说服他们花费数亿美元对助推火箭进行重新设计。

监测最基本的作用在于任何有可能遭受损失的组织都可以通过建立早期预警系统并准备可能的回应，来减轻潜在的风险。但除非人们知道如何在压力下清晰地思考，并得到高层的授权，否则所有的计划都是没有价值的。

结论

为了建立信任和激发创造力，你需要增加你花费在沟通上的时间。从内部来说，这意味着对重要的决策进行向上、向下的沟通，要使其在整个组织内得到持续不断的沟通。从外部来说，这意味着要和包括客户、股东、工会、监管者和所有其他你想接触的群体在内的利益相关方，保持有效的沟通。如果遇到危机，记住信任—共情矩阵。不要逃避，掩盖问题。要承担责任，坦诚沟通。为了能及早规避危机，建立一个跨领域团队，仔细审查可能给公司造成麻烦的迹象，然后授权给这个团队，让其能够在刚刚发现麻烦时就能发出警报。

第十章
转换角色：
承担领导责任，提出关键问题

在前 9 章中，我已经谈论了如何建立一种新型领导力，讨论了信任和创造力的共同作用将产生最高水平的生产率。我也已经讨论了通过专注于这些实践，你就能够创建一种每个人都能找到归属感，都能够适应的公司文化。

在这章中，我会讨论第 10 条法则，将帮助你把以上所有的法则转化为你组织的实践。这章关注沟通中最重要的一个工具：精心设计的问题。这章中，我们会讨论倾听语言和如何用这些想法来促成周围人领导角色的转变。最后的这一章是让这些变化变为现实的过程，而过程的开端就是你。

让我们先谈谈个人变化的过程，它涉及 3 大步骤：

1. 承担本应承担的责任，将它们做得更好。

2. 意识到自己当前的行为，以及这些行为是怎样导致了现在的状况。

3. 致力于改变，每一步都要落实到行动。

这些看起来简单的步骤，本质上传达出了你应该如何做才能开启这个过程。尽管看起来简单，如果你按照这些步骤对自己进行探索，那么你可能会有一些惊人的发现。

法则 10：提出有力问题

领导者应该承担个人责任，以促进个人和周围人的改变。改变意味着做出个人的选择。基于这样的事实，领导者必须学会如何用新方法进行交流，不是简单地指导他人，而是提出关键问题："你想做出什么样的改变？""你如何将这些训练付诸行动？""你面临着什么阻碍？""你如何衡量你的成功？"通过提出关键的问题，领导者利用自我反思的力量，帮助人们承担建立领导力文化的全部责任。

承担责任

一个人必须足够成熟才能承认错误，必须足够聪明才能从错误中受益，必须足够强大才能改正错误。

——约翰·麦克斯韦尔

承担责任就意味着做出个人的选择。这种阐述指出了一个重要的真相：没有人能够告诉你如何改变。改变意味着做出选择。你必须承担本应承担的责任。你必须承担责任，让事情变得更好。

承担责任会让事情变得更好，就意味着我们要面对最深层的悖论：我们看不到自己想成为的样子。我们只能想象，只能瞥见一眼，即使这样也是在我们幸运的时候。承担责任意味着要提出一系列这样的问题："我真正为自己设想的是什么？我想以怎样的方式被铭记？我想留下什么样的遗产？我如何到达自己想去的地方？"充分发挥你作为领导者的潜能意味着选择一条不同的、更好的路线，那条现在还不能看到的路线。记住：领导者（leader）这个词来源于一个词根，意思是"站在前面"（to be out in front）。同样的词根也有"死亡"（to die）的意思。你需要做好准备，摆脱旧生活，建立起新的生活。

一旦你开始认真解决这些问题，通往各种可能性的大门就向你打开了。你可以识别各种天然的盟友、合适的老师和你进行创造所需的各种支持。你可以开始着手采取措施，实施变化。随着时间的推移，你会看到成功的领导者在不断地审视自己的行为，接受自己的责任，并且摆脱生活中陈旧的一部分，建立新的生活。

案例：约翰的故事

约翰是洛杉矶一家法律公司的高级合伙人。我见到约翰，是因为他合伙人打来的电话："约翰的行为正在打击我们办公室的士气。我们一些最有才能的同事不断离职。他对年轻的工作伙伴表现得很轻蔑。你能和他谈谈吗？他绝对需要一些指导。"

通话过后，我跟约翰预约了一个星期的时间。在我们第一次见面时，我复述了其合伙人的话，并询问约翰是否有需要被指导的地方："你有没有看到自己在某些领域可以做得更好的价值？"

"我是公司的高级合伙人之一，我有权利做我喜欢的事情。"他告诉我。

我向他解释道，最优秀的领导者都需要教练的指导，就像最优秀的运动员都有教练一样。"当你停下来考虑这个问题时，就会发现，通过指导每个人都能得到某种形式的提升，不管他们在现有的工作或事业上处于多么高的位置。”

约翰对此未予置评，他让我向其解释了指导的过程。我告诉他这个过程至少需要三个月的时间。约翰告诉我，他觉得这是在浪费时间，“但是，如果这能够让我的工作变得更好，我也愿意尝试”。

我告诉约翰，为了帮助他，我需要对他进行全方位的评估。我问他，除他之外谁的信息最有价值。他给了我七个名字：两位合伙人、三位团队内的同事和两位之前一起工作过的其他部门同事。

我说：“请告诉他们我会给他们打电话的，告诉他们这是一个高度保密的过程，我会总结他们的反馈，但不会直接引用他们说过的任何关于你的话。”

在采访中，我了解到，人们将约翰视为一位非常有才华的律师，是公司一位优秀的营销人员。但是人们感觉到约翰没有发挥他的全部潜能。他们中的许多人也认为约翰有偏心的倾向，在他负责的事件中约翰总是选择同样的人。人们说他对别人的感受总是不屑一顾。最有说服力的就是约翰曾多次清晰地表露出自己是他优先考虑的对象，而非公司。另外一个例子就是，约翰从来不让别人在与他有关的任何事情中担任领导职位。“和约翰在一起工作，听到的总是我、我、我。”一个人说道。

我收集了这些信息，汇成了一份报告，对每个人说了什么进行了保密。在采访内容的支持之下，我列出了约翰作为律师的技术熟练程度、他的营销技巧和他管理客户关系的能力。

在“有待提高”的类别里，我列出了这样的一条内容：“成为一个更有效的公司管理者，将公司的利益放在自我利益之前。”我给了约翰这样的反馈。他听得很投入，也提出了一些问题，其中主要的问题是："为什么我要改变？我对现在处理事情的方式感到很满意。"

他和我决定在接下来的几周内，每周都见一次面。有一天，我观察到他因为一些小事就很粗鲁地对待公司里的一个年轻律师。只剩下我们两个人的时候，我问他："你记得你的孩子第一次学爬行时的情景吗？他们困在了桌子底下，一次又一次地碰到头，想从下面出来。他们碰到头的次数越多，他们变得越沮丧，就哭得越厉害？"

"是的。"约翰说道，之后他停顿了一下："你是说我的头正在碰桌子吗？因为我正在试图让事情变得更好。"

"我是在建议你考虑这其中更深层次的状况，当你'帮助'人们的时候，他们却感到不满。你认为这是为什么？"我问。

"我不知道确切原因。"约翰说，"或许是因为我比他们知道得更多。"

"如果在你工作的时候有人在身边说这说那，指指点点，你会有什么感觉？"

约翰顿了顿："说实话，我不是很喜欢这样的感觉。"

"但是你还……"

"我总得告诉他们要做什么。"

"我也注意到你对此感到不满。"我说。

"他们耗费了我的时间。"

"如果你真的想帮忙，会怎么做？"

约翰向我投来一束目光，没有说话。一周后，我们又见面了。他说："我有话要说。我带着我的一位年轻的同事出去喝酒，我比较喜欢她。我问她对我的想法，她说我的傲慢已经到了难以言表的程度。这让我很吃惊，我没有意识到自己会给人这种感觉。"

约翰停顿了一下："当我成为一名律师时，我专注于自己想做的事。因为我站在高处，所以可以俯瞰全貌，看到别人看不到的东西。我真的不明白为什么会发生这种问题。"

此时，约翰察觉到了更多令他不安的事实。他意识到自己没有和其他人好好交流。由于害怕失去对局势的控制，他总是很快地说出自己的观点。他不擅长提问。他觉得自己不适合在大公司工作。他需要在一个更小、更有创业氛围的环境中工作，以便自己能够掌控全局。几个月之后，约翰离开了公司。从某种意义上来说，他"死"了。但是这种死亡是他自己选择的结果，是因为他愿意面对现实，愿意改变。他开了一家小型事务所，专门从事知识产权方面的业务。一年后，约翰变得更快乐了。

约翰之前公司的人也很快乐。随着约翰的离职，年轻的同事开始接手约翰的客户。约翰之前的合伙人也报告说，公司也没有再失去有才华的人。事实上，其中有两个人在两年后就成了公司的合伙人。从我的角度来说，这是一个很好的结果。约翰已经承担起责任，做出了需要做出的改变。

意识到自己的行为

在研究人类思想史时，令人一次又一次感到印象深刻的是，思想的发展不断拓展着意识的范围，每向前一步都充满痛苦与艰辛。

——卡尔·荣格

你一旦接受变化的责任，就需要意识到自己的行为以及其对于目前状况的影响。这不是你一个人可以完成的工作。你需要有人引导。我们生活在一个相互依赖的世界中，明确自己的天然盟友、合适的老师，以及已经拥有和需要创建的支持，是非常重要的。

所以假如你已经下定决心承担改变的责任，下一步就是找到能成为你镜子的人——你的向导。在理想状况下，这个人应该是一个受到过专业训练的领导力教练。一个好的教练能够在多方面帮助你，有三点是必不可少的：第一，他或她会提供给你观点，让你对于他人看待自己的方式更加留意，无论其是积极还是消极的；第二，他或她会提出问题，提供建议，会成为你新想法的测试人；第三，他或她会帮助你确定两到三个需要改变的行为，并帮助你将改变落实到位。

与职业教练的接触通常始于教练的观察时期。他或她在这一时期会想见到你并提出问题。通常，一个教练会进行保密的会面，以了解你哪方面做得好，哪些方面还需提高。

教练可能也会使用一些评估工具帮助你建立一个更细致的自我画像。有一些个性评估手段，比如明尼苏达多项人格测验（Minnesota Multiphasic Personality Inventory）和迈尔斯类型指标（Myers Briggs Type Indicator）。伯乐门人才评估测试（Birkman Method®）能够帮助你更清楚地了解自己的喜好和需求，也有一些对沟通方式的评估，如直接对话（Straight Talk®）等。所有这些都会帮助你理清楚自己与他人的关系图谱。教练不同于心理学家。心理学家会帮助你理解过去的行为如何影响现在的行为；教练则是专注于现在的行为和你做出改变的动机。

你的教练可能想追踪你几天，在会议上观察你，看看你与同侪的互动，你在与老板会议上的表现，这些都有助于获得一个更敏锐的视角。你的教练可能要求你保留一份日志，或者写下你已达成和想要达到的目标。你的教练或许想收集全面的反馈报告。一个优秀的教练可以成为你洞察力的来源，也可以成为你的眼中钉。如果你不是在第一次就被教练搞得发疯，那么他或她就没有逼得你太紧。

教练会帮助你区分技巧、能力和熟练程度的不同。技能是你掌握的东西，如会计等。能力是开放的，包括持续不断的学习。营销就是能力，战略规划也是一种能力。熟练程度是你自然擅长的东西，你可能就是擅长建立关系，或者你可能就是擅长解决计算机算法。一个优秀的教练会帮助你确定自己的熟练程度，帮助你决定自己的职业角色是否充分发挥了你的优势。

致力于改变

真正的领导力是从内而外的。如果你可以成为领导者，你要从内心把自己当作一位领导；如果你可以成为领导者，你就要从外在表现得像一位领导。人们才会想要追随你。[1]

——约翰·麦克斯韦尔

一旦你意识到自己的行为，下一步就是承诺做出改变。你的教练可以确保这个承诺是发自内心并真诚的。我对自己的希望是什么？我需要怎样的成长？我的计划是什么？这些都是需要交流的。

教练使用系统视角可以帮助你看到同样的行为是如何造成不同问题的。通过练习和训练，教练可以帮助你更加留意这些行为，帮助你构想出变化的好处。一个优秀的教练能够帮助你认识到需要改变的行为，帮助你找出具体的新行为，以便将其落实到应有的位置。最后，你的教练会希望你将注意力放在一两个新行为上，从而帮助你成为一个更有效率的领导者。

　　我最喜欢的教练课之一是："让自己形成一种行为方式。"如果你能训练自己，去尝试新的行为方式，这种行为方式很快就会变得根深蒂固。这一切只需要最初产生尝试的意愿。

　　当我想起这个的时候，经常会记起自己和妻子以及两个女儿在弗吉尼亚的夏洛茨维（Charlottesville）的农场生活的时光。通向我们的房子有一英里长的碎石子路，之后经过一条小溪，再登上一座小山坡就可以到达我们的家。

　　有一年的 4 月，一场大暴雨带来了 6 英寸的降水量。随着大雨倾泻而下，溪水迅速上涨，变成了狂暴的洪流。溪水漫过了道路，水流切割着山坡。在暴雨中，我知道我必须拯救这条路。但是我能怎么办呢？我又不能让雨停下来。

　　我脑中灵光一闪。在雨中，我拿起铲子，挖了一条浅沟，从某一点开始一直向下游挖去，引导这些溪流安全地离开石子路，然后将这条浅沟拓展至上游的某一点，同样让那里的溪流安全地离开碎石子路。我挖了一条足够深的壕沟，引导着溪流慢慢注入其中。完成之后，我就站在那里看着。

　　起初，影响是微不足道的。但是几铲子下去，水流开始变强。更多的水注入壕沟之中。我看着这个壕沟被水慢慢注满。15 分钟后，旧的溪流消失了，新的溪流诞生了。碎石子路保住了。而我所做的一切只是利用溪流本身的力量。我讲述这个故事，是因为它说明了改变的一个重要原则：从小处着手。询问人们的反馈意见，利用这种力量，一旦人们做出积极的反馈，改变就会加深。很快，新行为的发生就会变得像世界上最自然的事情一样。

教练会让你做一些你独自完成不了的事情。他或她会让你将精力集中在特定的交流模式上，或者管理位于你和更有效领导力之间的人群。一个优秀的教练能够帮助你确定具体的策略，让你变得更有效率，并将其落实到书面的改变计划中，目的就是帮助你开辟一条属于自己的道路，让自己突破旧的束缚，适应新的习惯。

一个优秀的教练会帮助你按照新的行为方式行事。他或她会让你尝试特定的事情，比如在你生气时，用一种更轻柔的语气进行交流，或者提前准备每次会议的行动项目。刚开始时，你会感觉有些不自然。随着每一步的开展，你的教练会成为你的宣传者，帮你反思所做的工作和未做的工作，帮助你成为自己想成为的领导人。以谦卑和对话为支点，你可以开始用喜欢的方式去管理，用新的方式去领导。随着时间的推移，你持续做这些事情，这些新的行为与内心的联系会日益加固。你会摆脱旧有的行为方式，改变自己。

改变的其他催化剂

除了上述内容外，还有其他的技术和经验可以导致个人的改变。我们已经在第三章中讨论了训练和指导的内容，对于你将自己的领导力水平提升至一个新层次是非常有效的。另外，这里还有三种方法可以考虑。

同行群体

同行群体通常是来自其他公司同事组成的圈子，这些人定期见面，讨论所遇到的专业挑战并庆祝成功。他们通常会带来多样化的视角：怀疑论、乐观主义或者未来主义。在典型的论坛中，这些群体会每月见一次面，挑出一个到两个适时的话题进行探讨。如果这个群体定期见面的话，他们会关心你想要的帮助，但仍然足够独立，能提出好的建议。当碰到棘手的问题，你可以向这个群体求助："在这件事上，我真的很需要你们的帮助。"

比如，当一家风险投资公司的创始人了解到他一个关键合伙人想要离开公司的时候，他的同行群体提供了非常有价值的意见。"他们让我专注于重要的事情。"他告诉我，"他们建议我迅速完成这个过渡，这样我们能够继续前进。尽管我本能地想要挣最后一分钱，但我采纳了他们的建议，制定出了一个快速解决方案，能够得到长远利益。"

冒险学习

实现个人成长和改变的一个途径就是冒险学习。通过提出超过正常舒适区域的实际要求，你能够超越日常的应对机制，发现真正重要的东西。这里就有一个例子：

几年前，在内华达山脉山麓地带的红杉森林里，也就是我位于北加州的家附近，我加入了一个由其他20位领导者参加的团队。在我们周围树木的顶端，是由编织绳线、钢索和拦网组成的蜘蛛网。指导者将我们分成了两组。我和一位非营利组织的领导者——雷搭档。

当轮到我们的时候，雷和我把保护绳挂在了攀爬用具上。我们爬上了一个75英尺高的绳梯，绳梯的另一端连在树木高处的一个木制小平台上。在远处，我们可以看到阳光洒在蓝色湖面上波光粼粼的样子。在下面，我们的指导者喊着鼓励性的话。我们面前延伸开来的是连接着小平台的两条粗大钢索。在我们站的地方，两根钢索间的距离大约有 3 英尺。在更远的地方，钢索间的距离扩大到 10 英尺。我们的任务就是在这两根钢索上冒险前进，雷在一根上面，我在另外一根上面。当我们走出去的时候，我们抓着彼此的肩膀，相互支撑。最开始时，这很容易。然而，后面钢索间的距离变得很大，以致我们都有要掉下去的危险。如果真发生那样的情况，我们的保护绳会拽住我们。我们注定是要掉下去的。但问题是：什么时候掉下去？我们能彼此支撑着走多远的距离？

下面是我关于这次经历的笔记：

我们相距大约 3 英尺。雷面对着我。我们用眼睛盯着对方，从站立的木制平台上缓慢地离开。一步，又一步，我们的脚同步地在钢索上滑动着，我们的手都搭在对方的肩上。我们花了点时间欣赏了一下红杉林和波光粼粼的湖面。

"看起来不错。"我们的保护团队在下面喊道。

"把你们的屁股收回去。"有人喊道。

当站直身体后，我们感觉更稳了。从建筑角度来说，我们正在试图建立一个三角形。我们的身体就是三角形的两条边。一条想象中存在于两条钢索之间的线就是三角形的底边（尽管这是一个不断扩大的边——这就是问题所在！）。只要我们是稳定的，底边就是稳定的。只要我们的保护绳索在，我们就有信心能够往自己的舒适区外再迈一步。

"你现在在想什么？"我问雷。

"放松。"他说。

我立即了解了他的意思，其他的忧虑都已经消失，我们的目的只有一个。

"再迈一步。"我说。我们开始流汗，我感觉到我手臂上的肌肉在有一种灼烧感。

再迈出一步后，我们的身体在支撑彼此的同时，已经接近90度了。

"这很好。"我说，"很好，很简单。"

雷笑道："是的，只要我们保持放松就好。"

我们又做了一次深呼吸，然后又迈出了一步，我腿上的压力在不断地增长。"我很好奇是否有人能把它做完。"我说。

"应该只有 NBA 运动员可以吧。"雷开玩笑说。

我又迈出一步。下面的团队正在大声欢呼。

"你们现在几乎是水平的。"一个保护者喊道，他们在为我们加油。我尝试着再次提起我的脚，但随即感觉已经不行了。

"我觉得我们可以再多迈一步。"雷说道，"让我们一起做。"我们两个人都同时抬起了脚，但是这个动作几乎让我们掉了下去。

"不，这不行。"我说。

"你先动，我再动。"

我缓慢地移动着，我的肩膀开始变得麻木。我感觉到保护绳在拉着我。我们的头顶着彼此，我正好能够看到他的眼睛。

"你觉得怎么样？"他说，"想要离开这？"

"我们可以再坚持一会儿。"

我们笑了笑，然后开始倒数。"三……二……一……"，两人一起把脚迈向了空中。我们都朝地面掉落下去，一时间心中升起一阵恐慌，之后被猛地一拉，浑身被一种狂喜的感觉所浸染，我们飘落在了地面上。

团队中每个人都要经历同样的练习。我们询问了所有人的体验，每个人都在微笑。"恐惧是伟大的公平。"有人说道。

"我希望我每天都能有这种很棒的感觉。"另外一个人说道。

"我们每个人面临的相似挑战是什么？"有人问道。

我们看了看彼此。

"在上面，我们都有两个选择，我们可以选择停止，或者迈出走向未知的一步。而团队中的每一个人都选择了迈出那一步。"

群体学习

个人改变的另外一条途径就是参加群体活动，这能够促使你用一个非常个人化的方式探索你的情感根源。这种更深层次的情感水平是建立真正意识和改变发生的场所。有一些已经建立的群体，比如哈德逊研究所（Hudson Institute）和标志论坛（Landmark Forum），就是为了将专业人员聚拢到一起，为彼此的生活提供见解，帮助他们取得专业上的成功。

下面是这些体验的进行模式：一个 15 到 20 人组成的群体聚集到一起，开展为期 3 天的密集工作。结束后，他们再返回来进行为期 5 天的工作。这个过程中，一位训练有素的咨询顾问，通常是一名心理学家，会带领团队做一些练习。人们要对生命中重要的影响进行反思，不管是积极的还是消极的。通过引导性的冥想，人们被要求反思早期的痛苦和失落的经历。他们被要求确定父母影响自己的方式，以及他们留下了什么样子的内在"法则"。

理解这些内在的法则会提供给我们有关潜意识行为的线索。比如说，你是否认为自己值得被爱？你总是需要讨好别人吗？你是否认为自己无法变得伟大？你理所应当获得成功吗？通过一系列的个人练习，人们需要向群体坦白管理着自己行为的最深法则。

在某个时候，群体中成员有机会提供反馈，这些反馈同样既有积极也有消极。傲慢、胆怯和伪善都会被经常提及。人们会对这种反馈进行反思，尝试释放引发这些消极反馈的内部恐惧。在数小时的反思和冥想之后，人们可以休息一下，谈论他们学到了关于自己的什么内容。下一步就是重获新生，人们需要确认自己想要改变的内部法则。这样，人们就象征性地给予自己一场新生。这是一种令人愉快的经历。你要记下你自己的改变过程，从你所学内容中提炼出新的法则，使之融入你生活。

这类群体体验会让你变得谦卑、疲惫不堪并深思熟虑，一位高管曾发誓称这是他做过最重要的事情。在他的推荐下，他的其他高管同事也都经历了这种体验。几个月后，自我发现的喜悦和欢腾会逐渐消逝，但是更深的认知保留了下来：你可以成为一个新的人，用新的法则引领自己的行为。你最深的恐惧已经被丢在身后，旧的法则已经被新的法则所代替。

我不想误导你，让你以为某个周末必然会改变你的生活。但是它的确能够唤醒你，给你提供深刻的见解，能够帮助你理解需要完成哪些工作。这种自知之明对于任何想成为领导者的人来说都是非常重要。

成为变革的动因

这一章不光是关于你的个人变化，也是关于如何让你成为组织中的变革推动力。记住这一条至理名言：承担责任意味着做出选择。鉴于这一陈述的本质，我们应该如何帮助其他人改变他们的行为呢？

要想改变他们的行为，你不能只通过劝说来解决，也不能仅仅通过指挥，就能让他们承担起责任。如果你想让真正的改变发生，就需要一套不同的沟通方式。

约翰·肯尼迪说："不要问国家能为你做什么，问你能为国家做什么。"他提出了一个强有力的问题。他是在尊重人们拥有选择自由的这个事实。他的问题最终想要问的是："你能够为你的国家做什么？"他的问题是发自内心的，没有预先规定的答案。但他当时在做的也是所有伟大领导者都在做的事情：提出关键问题。

为了帮助人们改变，需要提出关键问题。不是你的观点，或者伪装成问题的建议，而是关键的开放式问题，让其激发真正的反思。我们无法自然而然地提出关键问题，这也不是我们经过训练就能做到的。我们的文化教导我们要表达自我，要说出自己的观点和感觉，要不断地提出关键问题。事实上，推动变革的精髓就可以归结为提出问题，仔细倾听，让人们进行深刻的反思。它意味着提出足够多的正确问题，足够仔细地倾听别人所说的内容："我现在明白我应该做什么了，我有责任让它变得更好。"

我们已经在第四章中看到人们是如何倾向于认为他们所做的一切事都是好的（都是其他人把事情搞砸的！）。反思一下这意味着什么？如果真正的变革需要向人们提出关键问题，你如何创造出人们可以进行自我反思的场所和时间？你如何创造出让真正倾听得以发生的条件？你如何开始提出关键问题？

案例：格洛丽亚的故事

格洛丽亚清楚地记得她在一家大型银行第一周工作的情景。人们闷闷不乐，没有趣味可言。工作的第一天似乎是冗长乏味的，没有一个人过来跟她打招呼。她将其描述为："我生命中最糟糕的一天和我所见过的最糟糕的企业文化。"

在第三天的时候，一个缓慢而严肃的声音在内部通话设备中响起：下午4点钟，在会议室将有一次生日庆祝活动。"太好了。"格洛丽亚说道，"总算是有点人际交往活动了。"但是当她在4点钟迅速赶到会议室时，却发现里面是空的。桌子上放着一个蛋糕，蛋糕上面写着5个人的名字，但是5个人没有一个人在那里。又过了30分钟，有一些人零零散散地走进了会议室，自己切下一块蛋糕后就端着离开了。5个人中只有2个人特意参加了这次活动。没有唱歌，没有欢庆，没有交谈，没有人停留。

在第一个月要结束时，格洛丽亚已经准备放弃这份工作了。作为一个开放、乐观的人，她开始感到封闭和不安。她避免和自己的同事目光接触。她对朋友坦白这个公司让她感到很困惑。但是在工作中，她没有把这个想法分享给任何人。

然而有一天，公司内的一位同事要她分享一下她对公司的印象。她决定抓住这个机会。格洛丽亚向同事提出了一大堆问题：交流不畅、信任不高、没有充分发挥自己能力、仿佛受到了虐待。她毫不留情地批评了管理合伙人——一位陆军前上校，他是在用经营新兵训练营的方法来管理公司。

格洛丽亚离开了他的办公室。第二天，当她参加一个会议时，正好碰见了上校走了进来。在她还没有逃走之前，上校开口说道："格洛丽亚，我了解你对我运营公司的方式有看法。你介意现在告诉我你的这些想法吗？"格洛丽亚脸红了："看来我的想法已经传开了，那我就直接告诉你吧。"期盼着被解雇的格洛丽亚，卸下了负担。在她讲完之后，上校拿出了自己的袖珍日历。格洛丽亚相信他想让自己 30 天内提出离职申请，交接工作。

事实相反，上校说："我们能在 15 天后再见一面吗？我想让你告诉我是否看到了任何变化。"

格洛丽亚感觉像被雷击中了一般。但是她接受了上校的提议。在接下来的 15 天内，她的确看到了一些变化。她注意到管理者们开始注重沟通交流了，上校开始更加频繁地征求别人的意见。15 天过后，格洛丽亚见到了上校，告诉他自己见到了一些令人鼓舞的改变迹象。

"但是这些仍然不够。"格洛丽亚说道，"人们还是不相信彼此，你真的想改变这里的文化吗？"

"是的。"上校回答道，"但是我需要帮助，你愿意面对你人生中的最大挑战吗？"他停顿了一下，"你愿意帮助我将这里改变成为一个人们喜欢工作的地方吗？"

格洛丽亚想了想，她不知道上校是不是认真的。但最终，她抓住了这次机会。她告诉上校，她愿意提供帮助，但是有两个条件："我需要你对于这项工作全力、无条件的支持；我需要你认识到这项工作可能要花费几个月，乃至几年的时间，而不是几天。"

"太好了。"上校说道，"你负责这一切。你要弄明白我们需要做什么，我会支持你的。"

所以在接下来的几个月内，格洛丽亚吸引了数百名员工加入到变革程序中来。她为组织制订了一份战略发展计划。她邀请所有人提出关于他们在这个计划实施中的角色。她创造出了学习循环，向他人授予了权力，培养了人们的创造心流，甚至为上校提供了指导。

几个月过去了，上校与他人的交流方式得到了极大的改变。他对于他人的反馈变得更加开放。他提出了更多的问题，变得更谦虚，更有幽默精神，能够自我嘲解。一种友善快乐的氛围开始在组织文化中慢慢出现，组织绩效也开始上升。员工流动率开始下降，有能力的人选择留下来。

多年过后，格洛丽亚和上校的关系已经变得异常亲近，亲近到两个人发誓，如果要离开银行的话，两个人会同时离开，而这是他们 14 年后做的事情了。

创造真正有意义的变革

第六章的内容是聚焦于让你的组织能够跟得上变革步伐的训练。它强调在今天的商业环境中，变革的步伐正在加快，领导者的工作就是使用学习循环，帮助人们迎接持续不断的加速变革。现在我们讨论的是，如何帮助人们改变自己的个人习惯？我们知道关键是提出强有力的问题。但问题是：谁来提出这些问题？谁开启这个过程？我们又从哪里开始提出问题？

忠实的读者们，我们和你一起开启对于这些答案的探询之旅。你现在已经理解了这些法则。你已经了解了如何帮助人们承担责任。第 10 个也是最后一个法则，是让你为自己在组织中创造出一个新角色。结合其他的 9 大法则，这才是领导力方程式的高潮，是你创建一种领导力文化的开始。

针对这 10 大法则中的每一种，我们都可以提出关键问题。为了帮你开启这个过程，下面列出了一些最具影响力的提问：

1. 调整核心价值观："如果我们公司中的每一个人都对公司核心价值的深入理解进行分享，并且每天都坚守这些核心价值观，会发生什么呢？如果每个人都定期参加对我们核心价值观意义和如何将它们更好地转化到现实中去的讨论，又会发生什么？为了提高我们作为一个团队的效率，我们具体能干什么？能解决什么冲突？"

2. 明晰焦点："如果我们整个组织都围绕着一个共同的愿景，会发生什么？如果我们真的专注于实现几个主要的优先事项，会发生什么？这些会对我们的绩效产生什么影响？它又能解决我们什么问题？"

3. 引领他人："如果我们每次都把重点放在让合适的人到合适的位置上，会怎么样？如果我们的团队合作都采取一致的方法，会发生什么？一个人既是团队领导又是团队成员，意味着什么？如果我们有帮助人们迅速确认和解决冲突的运营原则，会怎么样？如果我们公司中每个人都信任彼此，人人心中都不存在畏惧，会怎么样？我们为了实现这种文化，必须怎样做？"

4. 优化管理决策："如果公司中的每个人都理解自己需要什么样的决策授权会如何？如果公司中每个人都感到被赋予了权力提出想法并做出改变会怎么样？如果我们完全清楚自己是如何做出一个决定的，会发生什么？如果我们的董事会和CEO清楚他们各自的权力，那将会是什么样子？"

5. 从自己开始："如果我们公司中的每个管理者和领导者都表现出了谦虚和幽默感，会怎么样？如果每个人都一如既往地表现得值得尊敬，对自己做的事情表现出发自内心的热忱，会发生什么？如果每个人都带着肯定的意图和对不同交流风格的敏锐意识进行沟通交流，会发生什么？这些将如何改变我们的文化？"

6. 加速变革步伐："如果我们对每个主要业务产品和服务都能进行有标准的绩效测量会发生什么？如果测量标准的相关信息能够与前线的人员立即分享会如何？如果我们授予别人提出改进想法的权力，并接受他们提出的十分之九的想法，会如何呢？如果我们接受持续不断的提升，将其作为我们日常工作中的一部分，会发生什么？这些会对我们的绩效产生什么影响？"

7. 激发创造力："如果我们更频繁地利用创造力会发什么？如果我们能够清楚地意识到每个人最喜欢做的事情，会怎么样？如果人们能够自由地进行跨部门的合作，会发生什么？如果我们能激励人们进行试验，尝试新事情，同时不会有人对他们时刻保持警惕或者过早地对他们进行评判，那又会发生什么呢？"

8. 扩散系统思维："我们如何在组织中创造价值？如果我们组织中的所有人都理解这些系统，会发生什么？如果每个人能够更多地将我们的业务作为一个系统来思考，理解他们的决定所产生的全部后果会怎么样？如果每个人都更频繁地接收客户意见（既包括内部客户也包括外部客户）会怎样？这些将如何影响我们公司的绩效？"

9. 增加交流："如果我们现在将贯彻整个组织的交流水平提升到现在的 10 倍，会发生什么？如果信息从拥有者更快地流向了需求者会怎么样？如果我们更频繁地与客户和其他的外部利益相关者进行定期沟通会怎么样？这些会如何影响我们公司的绩效？"

10. 提出强有力的问题："如果公司中的每个人都承担责任，提出关键问题，会是什么样的情景？如果之后每个人都问如何做到那一点，会发生什么，我们如何评价成功？我们必须做哪些与众不同的事？我们如何创建这种文化？"

结论

　　成功的领导者创造了人人都努力提升自己的组织文化。在这章中，我们学到个人的成长之旅有以下三步：（1）主动承担责任；（2）意识到自己的行为；（3）致力于改变。因为主动承担责任包含着做出个人选择，成功的领导者专注于创造人们都能向彼此提出关键问题的文化。因为很难意识到自己的行为，成功的领导者总是鼓励人们寻找教练和指导者。

　　但是成为变革的动因也意味着理解组织变化的内部动力状况。成功的领导者使用关键问题吸引人们去承担进行新思考、新行为和新表现的责任。当一位领导者提出了关键问题，并仔细倾听时，强大的想法就会产生。当数百名来自组织内各个不同层面的人聚到一起，对他们想让组织提升的方法进行严肃认真的探讨时，其产生的能量和动力能够持续数年之久。当人们定期参与到这种强大的倾听中时，其结果就是最高水平信任和创造力的诞生。

结　语

实现飞跃

．．．．．．．．．．．．．．．．．．．．．．．．．．．．．．．．

在这本书中，我已经描述了建立信任、激发创造力、创建领导力文化的 10 大法则。正如你已经读过的这些训练内容，我希望你已经思考了如何使用它们来推动你的组织向更高效的方向发展。为了达到这样的目的，你需要考虑这 5 个最终的强有力的问题：

1. 回想一下整本书的内容，哪一种训练是你最想马上实施的？

2. 原因是什么？你希望完成什么？

3. 从现在开始，你必须做什么来完成你的目标？

4. 你可能遇到什么障碍？你准备如何克服它们？

5. 从现在起的 6 个月，你如何评估自己的成功？

如果已经花了时间来考虑这 5 个问题的答案，那么你已经开始将领导力方程式放入你的组织之中加以运用了。

这里还有其他有用的工具。第一，你可以通过我们的免费评估，详细地查看你和你的组织在建立信任和激发创造力方面的表现。你可以在我们的网站上找到调查详情：www.leadingresources.com。点击主页上方的图标。在回答了一系列问题之后，针对本书中描述的 10 大法则，你会得到与每一个法则相关的一系列评分，以及一张你的组织优势和改进机会的视觉图表。

第二，我已经写下了一系列的详细工作，能够帮助你将这些想法付诸实践。通过订阅我们的消息，你可以免费得到这些工具（可以在我们的网站上订阅）。

最后，如果你是真的想把这些法则应用于你公司的工作中，我们的团队在这里将会提供帮助。我们会指导你完成这个过程。我们可以对你现在所处的阶段，以及你想要达到的目标进行评估。我们能帮助你以实用的方式实施这些法则，在给你的投资带来回报的同时，确保你的组织获得持续性发展，最终，帮你提升自己的领导力。

致　谢

在写作本书的过程中，许多人给我提供了帮助。首先是我在 Leading Resources 公司的同事们，他们是一群卓越的咨询师。我们每天在一起工作，带领团队，帮助领导者们发展自己。我尤其要感谢卡琳·布卢默（Karin Bloomer）、玛西亚·坦尼森（Marcia Tennyson）以及罗伯特·爱默生（Robert Emerson），感谢他们的一路陪伴和为此书做的贡献。同时，我也要向我们杰出的支持团队致敬，劳伦（Lauren）、莱斯利（Leslie）、亚伦（Aaron）和马特（Matt），感谢你们。

我要感谢我们的顾客，你们中的许多人可以在这本书中找到自己，能够得到你们的信任并与你们一起工作真是十分荣幸！

我要感谢绿叶图书集团（Greenleaf Book Group）的工作人员。他们的团队帮我对这本书进行润色加工，让它能够以最好的面目推向市场。

感谢许多给予我意见和信任的朋友们。尤其需要对约翰·韦布尔（John Webre）、悉尼·科茨沃思（Sydney Coatsworth）、玛格丽特·凯恩（Margaret Kane）、汤姆·佩因（Tom Paine）和肖·沃伦（Shaw Warren）说声谢谢。我的姐姐佩内洛普（Penelope），谢谢你这些年对于我的爱和关注。最后，我想对我的家庭表示感谢。首先是我的妻子苏珊娜（Susanna），与她相伴是我最幸福的时光。对于我的四个孩子：凯特（Kate）、夏洛特（Charlotte）、阿比盖尔（Abigail）和詹姆斯（James），我想说的是我每天都受到了你们给予我的领导力启发。我的三个小孙儿们也应该被提及，他们是亚历克斯（Alex）、山姆（Sam）和爱丽丝（Alice）。感谢我的父母：彼得（Peter）和爱丽丝（Alice），是你们给了我受教育的机会，没有你们就没有我现在所从事的一切。

注　释

引言

1　In my earlier book, *Straight Talk*, I described many of the specific techniques of communication that distinguish productive teams (*Straight Talk: Turning Communication Upside Down for Strategic Results*. Palo Alto, CA: Davies-Black, 1998).

2　Michael Kosfeld, Markus Heinrichs, Paul J. Zak, Urs Fischbacher, Ernst Fehr. "Oxytocin Increases Trust in Humans," *Nature*, June 2005.

3　Steven Pinker, *How the Mind Works* (New York: W.W. Norton & Company, 1999).

4　"How to Keep Your Company's Edge," *Business 2.0*, December 1, 2003.

5　"How to Create Cool Technology," *Business 2.0*, December 1, 2003.

6　Bob Thomas, *Walt Disney: An American Original* (Disney Editions, 1994).

7　David Osborne and Ted Gaebler, *Reinventing Government: How the Entrepreneurial Spirit Is Transforming the Public Sector* (New York: Penguin Books, 1992).

第一章

1　Jim Collins, *Good to Great: Why Some Companies Make the Leap…and Others Don't* (New York: HarperCollins, 2001).

2　Ibid.

3　John Byrne, "After Enron: The Ideal Corporation," *Business Week*, August 13, 2002.

4　Abraham Maslow's work on personal core values is highly important in understanding social dynamics and the sources of human conflict and fulfillment. See Abraham Maslow and Deborah Collins Stephens, *The Maslow Business Reader* (New York: John Wiley and Sons, 2000).

5　"Global Leadership and Organizational Behavior Effectiveness," May 2009, www.thunderbird.edu/wwwfiles/ms/globe.

6　John Rawls, *A Theory of Justice* (New York: Oxford University Press, 1999).

7　This chapter focuses on developing the framework of core values. Chapter 3 focuses on tying performance measures to the framework.

8　Procter & Gamble, "Our Values and Policies," Procter & Gamble website, April 2009, www.pg.com/images/company/who_we_are/pdf/values_and_policies907.pdf.

第二章

1　Steve Lohr, "He Loves to Win. At I.B.M., He Did," *New York Times*, March 10, 2002.

2　Larry Page and Sergey Brin, "'An Owner's Manual' for Google's Shareholders," May 2009, http://investor.google.com/corporate/2004/ipo-founders-letter.html.

3　Jennifer Basye Sander and Peter J. Sander, *Niche and Grow Rich: Practical Ways To Turn Your Ideas Into a Business*, (Entrepreneur Press, 2003).

第三章

1　Dizzy Gillespie, Jazz Quotations, http://www.danmillerjazz.com/jazzquotes.html.

2　Patrick Lencioni, *The Five Dysfunctions of a Team* (San Francisco: Jossey-Bass, 2002).

3　Robert Fulghum, *All I Really Need to Know I Learned in Kindergarten* (New York: Ballantine Books, 2003).

4　Source: Interviews and published company materials.

5　My earlier book *Straight Talk: Turning Communication Upside Down for Strategic Results* details various techniques for managing meetings effectively.

6　The Arbinger Institute, *Leadership and Self-Deception: Getting Out of the Box* (San Francisco: Berrett-Kohler Publishers, 2000).

7　Quoted in the *New York Times*, February 25, 2003, page D4.

8　John Gabarro and John Kotter, "Managing Your Boss," *Harvard Business Review*, May/June, 1993.

9　These expectations are expressed through the core values. See Chapter 1.

第四章

1　When polled, most leaders say they are comfortable with 75 percent certainty that a given decision will achieve the goal.

2　The GROW model was initially developed by John Whitmore in his book *Coaching for Performance* (Boston: Nicholas Brealey, 1996).

3　Finding out your style is free. Go to www.gostraighttalk.com.

4　David Dunning and Justin Kruger, "Unskilled and Unaware of It: How Difficulties in Recognizing One's Own Incompetence Lead to Inflated Self Assessments," *Journal of Personality and Social Psychology*, June 10, 1999.

第五章

1　Warren Bennis, *Managing People Is Like Herding Cats* (Utah: Executive Excellence Publishing, 1999).

2　Joseph Singer, *The Edges of the Field: Lessons on the Obligations of Ownership* (Boston, MA: Beacon Press, 2000).

3　Rushworth Kidder, *How Good People Make Tough Choices* (New York: Harper Collins/Quill, 2003).

4　Lance Secretan, as quoted in *Industry Week*, October 12, 1998. Secretan is author of, among others, *Reclaiming Higher Ground: Creating Organizations That Inspire the Soul* (Canada: CDG Books, 1997).

5　Jamba Juice, Investor Relations, http://ir.jambajuice.com/phoenix.zhtml?c=192409&p=irol-irhome.

6　IMDB biography for Richard Branson, http://www.imdb.com/name/nm0105232/bio.

7　Brent Schlender, "How Big Can Apple Get," *Fortune*, February 21, 2005.

8　"The Most Admired Leaders Challenge Stereotypes, But Feel They Are Unexceptional," *Washington CEO*, 1997.

9　From Enron's 1998 Annual Report, excerpted from: Bethany McLean and Peter Elkin, *The Smartest Guys in the Room: The Amazing Rise and Scandalous Fall of Enron* (New York: Penguin Group, 2003).

10　Virginia Satir, *The New Peoplemaking* (Palo Alto: Science & Behavior Books, 1988).

11　*Straight Talk: Turning Communication Upside Down for Strategic Results*. Available online at all major booksellers and at our website: www.LeadingResources.com.

12　Daniel Goleman, "Leadership Gets Results," *Harvard Business Review*, March/April, 2000.

13　You can go to www.gostraighttalk.com to learn your communication style. The survey is free, fast, and accurate.

第六章

1　"The Little Ideas That Could," *New York Times*, June 14, 1998.

2　Eric Hoffer, *Reflections on the Human Condition* (New Jersey: Hopewell Publications, 2006).

3　Our Straight Talk® survey of communication styles can be a useful tool in gathering a good mix of styles. The survey and results are free. Visit www.gostraighttalk.com.

第七章

1　Mihaly Csikszentmihalyi, *Flow: The Psychology of Optimal Experience* (New York: Harper & Row, 1990).

2　University of Chicago's General Social Survey (a survey of Americans conducted since 1972). More information can be found at http://www.norc.org/Research/Projects/Pages/general-social-survey.aspx.

3　George Patton, *War as I Knew It* (Boston: Houghton Mifflin Harcourt, 1995).

4　Ellen Langer and Deborah Heffernan, "Mindful Managing: Confident but Uncertain Managers," Harvard University, Department of Psychology, 1988.

第八章

1　The book *We Don't Make Widgets* is a good source of additional insight into systems of work: Ken Miller, *We Don't Make Widgets* (Washington, DC: Governing Books, 2013).

第九章

1　"Lawrence Rawl, 76; Exxon Chief at Time of Alaskan Oil Spill Disaster," *Los Angeles Times*, February 15, 2005.

2　Phil Jackson and Hugh Delehanty, *Sacred Hoops: Spiritual Lessons of a Hardwood Warrior* (New York: Hyperion, 1995).

第十章

1　John C. Maxwell, *The 21 Indispensable Qualities of a Leader: Follow Them and People Will Follow You* (Nashville: Thomas Nelson, 2007).